PALABRAS MÁS QUE COMUNES
ENSAYOS SOBRE EL TEATRO
DE JOSÉ TRIANA

PUBLICATIONS OF THE SOCIETY OF SPANISH AND SPANISH-AMERICAN STUDIES

Luis T. González-del-Valle, *Director*

KIRSTEN F. NIGRO,
Compiladora

PALABRAS MÁS QUE COMUNES

ENSAYOS SOBRE EL TEATRO DE JOSÉ TRIANA

SOCIETY OF SPANISH AND SPANISH-AMERICAN STUDIES

© Copyright, Society of Spanish and Spanish-American Studies, 1994.

The Society of Spanish and Spanish-American Studies promotes bibliographical, critical and pedagogical research in Spanish and Spanish-American studies by publishing works of particular merit in these areas. On occasion, the Society also publishes creative works. SSSAS is a non-profit educational organization sponsored by the University of Colorado at Boulder. It is located in the Department of Spanish and Portuguese, University of Colorado, Campus Box 278, Boulder, Colorado, 80309-0278. U.S.A.

International Standard Book Number (ISBN): 0-89295-073-0

Library of Congress Catalog Card Number: 93-85373

Printed in the United States of America

Impreso en los Estados Unidos de América

This text was prepared by Sandy Adler, Foreign Language Word Processing Specialist for the College of Arts and Sciences, University of Colorado at Boulder.

Al buen amigo Triana

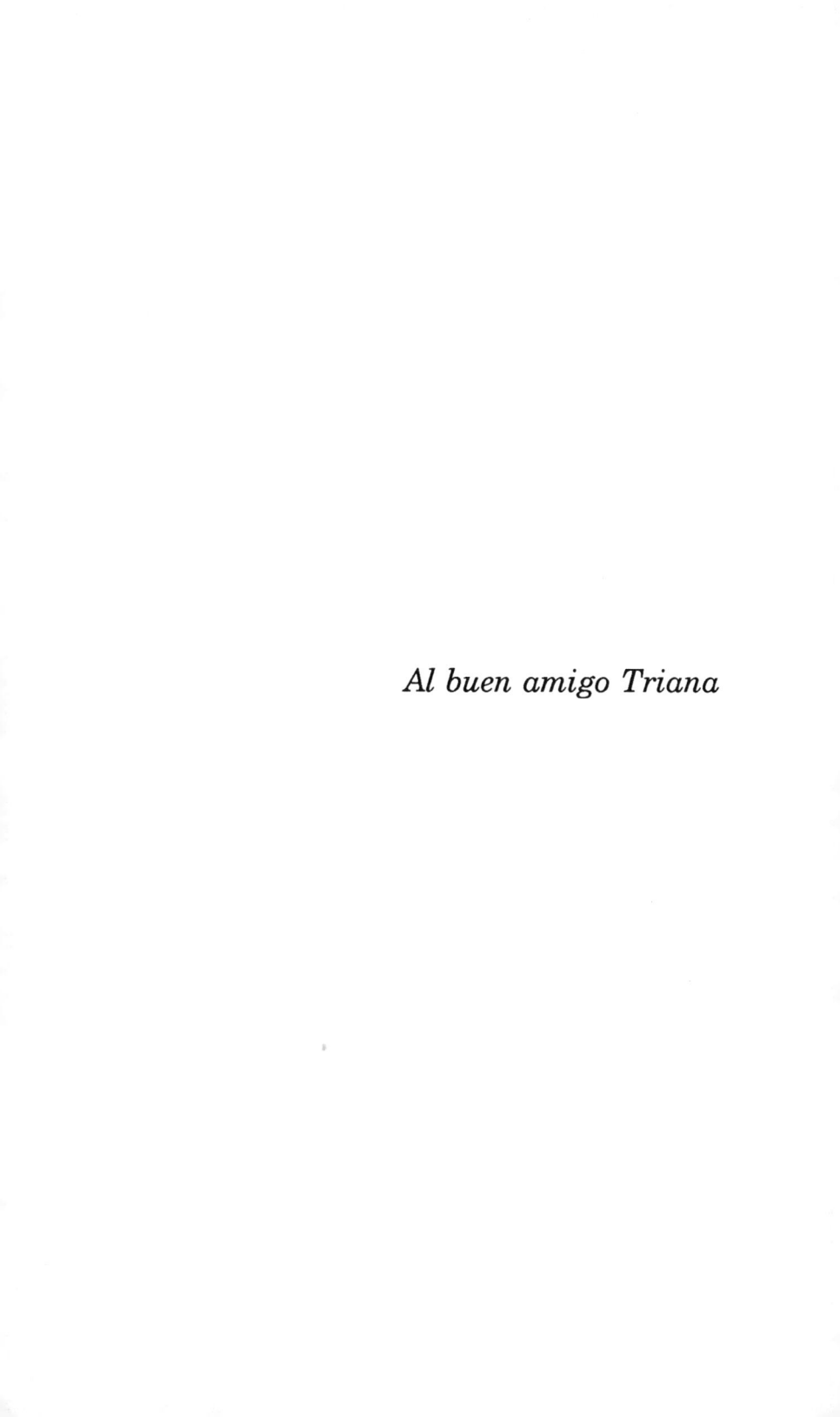

ÍNDICE

Introducción. Angela Dellepiane ix

Imagen de imagen: entrevista con José Triana.
José A. Escarpanter 1

Elementos de la tragedia griega en las obras tempranas de
José Triana. Robert Lima 13

Medea en el espejo: coralidad y poesía. Pedro Manuel Barreda . . . 23

Elementos de la cultura afrocubana en el teatro de José Triana.
José A. Escarpanter 33

La ética histórica como acondicionadora de la acción en el teatro
de José Triana. Matías Montes Huidobro 41

La noche de los asesinos: la política de la ambigüedad.
Diana Taylor 53

Orden, limpieza y *Palabras comunes*: otra vez, los juegos
prohibidos. Kirsten F. Nigro 65

"Revolico en el Campo de Marte": Triana y la farsa esperpéntica.
Priscilla Meléndez 75

Curriculum Vitae de José Triana. José Triana y
Kirsten F. Nigro 91

Foto de Luis Mallo, 1992.

INTRODUCCIÓN

ANGELA B. DELLEPIANE
City College & Graduate Center
City University of New York

El volumen que ahora se publica se originó por una de esas circunstancias fortuitas que, felizmente, suelen darse algunas veces en nuestras vidas. José Triana asistía al *Simposio Desde el Niágara hasta el Mariel, proyecto Outside Cuba/Fuera de Cuba* que se celebraba, del 18 al 30 de octubre de 1988, en Rutgers University, New Jersey. Un día almorzábamos con él, el Dr. Manuel Gómez Reynoso y yo y, conversando acerca de la *XII Conferencia del Mediterráneo* que el Dowling College de New York lleva a cabo todos los años en Europa, el Dr. Gómez Reynoso —uno de sus organizadores— invitó a Pepe Triana a asistir a dicha conferencia a realizarse, en julio de 1989, en Atenas. A la respuesta afirmativa de nuestro dramaturgo amigo a esa invitación, agregué yo mi proposición de que hiciéramos dos secciones dedicadas al estudio de su obra. Los trabajos que ahora se publican son los presentados en aquel Congreso y, dado que no se contaba con fondos suficientes como para solventar la publicación de todas las ponencias leídas, el grupo de "trianescos" decidió que valía la pena buscar, por propia cuenta, una editorial. Esa tarea la realizó íntegramente la Profesora Kirsten Nigro, con incansable buena voluntad y gran fe en la calidad de los estudios.

El volumen comprende siete artículos que analizan en total nueve obras de José Triana, con lo cual es la primera vez que se puede tener una visión de conjunto de la obra de éste, uno de los más originales y valiosos dramaturgos hispanoamericanos. Pero además de los trabajos de crítica, el tomo se abre con una entrevista que José Escarpanter mantuvo con su viejo amigo Triana en la capital griega y que explicita muchas de las ideas que informan la dramaturgia de este autor. Asimismo, cierra el volumen un *Curriculum Vitae* de Triana que Kirsten Nigro, con la colaboración del dramaturgo mismo, ha logrado compilar y que pone al día las circunstancias de la vida y de la obra de José Triana en una forma sumamente comprehensiva que, esperamos, habrá de resultar de suma utilidad para sus usuarios.

Con el artículo de Robert Lima, "Elementos de la tragedia en las obras tempranas de José Triana," comienzan los estudios críticos que abordan la obra de Triana desde variadas perspectivas críticas. Así, el Profesor Lima traza un cuidadoso paralelismo entre los elementos de la tragedia griega—*tragoidia, moira, heimarmene, agon, hamartia, hubris, peripeteia, ethos, katarsis* y el coro—y el teatro de Triana, destacando cómo éste trabaja con elementos enraizados en la vida cubana al igual que lo hacía la tragedia griega, cómo utiliza estas obras maestras de la condición humana como pilares para el enjuiciamiento de la vida de su isla natal, aunque sin intentar recrear el contexto socio-religioso de las tragedias y subrayando, asimismo, las diferencias de las obras de Triana con la tragedia clásica. Lima se detiene particularmente en *Medea en el espejo* dado que constituye el más acabado ejemplo—afirma—de traslado y metamorfosis, por un proceso especular, de la fórmula trágica en esta primera época del teatro de Triana lo que no volverá a darse en obras más tardías aunque eso no signifique que Triana abandone la herencia clásica, lo que se comprueba con el análisis que Lima hace de *La noche de los asesinos* que, al lado de las influencias del teatro del absurdo y de la crueldad, muestra aún influjos clásicos aunque no sean tan evidentes como en *Medea*.

Con el artículo del Profesor Pedro Manuel Barreda, "*Medea en el espejo*: coralidad y poesía," se continúa y complementa el análisis antes realizado por el Profesor Lima, si bien el asedio crítico se realiza desde un ángulo más amplio pues Barreda ve la María de Triana como la figura antitética de un orden falologocéntrico, lo que coloca su análisis dentro de una perspectiva crítica feminista. Otros aspectos importantes de este análisis son: el situar a Triana en la 4a. generación republicana; las dos constantes que Barreda percibe en el teatro de Triana (temáticamente, la voluntad de investigar en los tabúes y desmantelar las pretensiones de legitimización que asumen los discursos de la legalidad, y formalmente, la búsqueda de un sistema dramático que haga posible la tragedia en un escenario contemporáneo); las variadas funciones del coro —distanciamiento, estilización, teatralidad, dilatación semántica, poder de crítica e impugnación de los valores socio-culturales—, todo lo cual permite al crítico afirmar que es una estética posmoderna la que preside la composición de esta obra. Barreda sólo analiza *Medea* pero establece que los resultados de su estudio pueden ser aplicados también a *La muerte del Ñeque*.

Medea en el espejo, una de las obras más complejas, ricas y justamente famosas del teatro de Triana vuelve a ser tratada, junto con otras (*El parque de la Fraternidad, La muerte del Ñeque*, "Revolico en el

Campo de Marte" y *Ceremonial de guerra*), en el artículo de José Escarpanter, "Elementos de la cultura afrocubana en el teatro de José Triana" que, aunque nos lleve a un mundo muy distante del de la cuna de la civilización occidental, completa el cuadro de las influencias de distinto origen operantes en la dramaturgia de Triana. Las cinco obras en las que el Profesor Escarpanter estudia los elementos afrocubanos, representan momentos diferentes en la labor creadora de Triana, desde la inicial *Medea* (1960) hasta la más reciente *Ceremonial de guerra* (1973), mas la persistencia de ellos demuestra el interés y la fidelidad del autor cubano por ese aspecto de la cultura de su país. En este sentido, subraya el articulista, *Medea* es ejemplar pues presenta casi todos los componentes afrocubanos que Triana usará con diferences matices en su teatro posterior, a más de la contaminación de las creencias afrocubanas, predominantemente yorubas, con las teorías espiritistas muy difundidas en Cuba, pero no así con la religión católica. Escarpanter analiza con probidad la incorporación de las manifestaciones rituales en las que se combina la poesía, la música, la danza y el canto; establece que Triana retoma las técnicas desarrolladas por la poesía afrocubana de los años 30 y 40, i.e., las anáforas, repeticiones y un esquema rítmico muy marcado; demuestra el radio de acción de esos elementos y explica las razones por las que Triana se vale de ellos.

Con los artículos de Matías Montes Huidobro y Diana Taylor, el enfoque crítico cambia. No ya influencias del mundo clásico o de las diferentes etnias de la isla, sino elementos de historia y de política cubanas. El dramaturgo, crítico y profesor Matías Montes-Huidobro, pone el acento en "La ética histórica como acondicionadora de la acción en el teatro de José Triana." Montes Huidobro afirma que, siguiendo la tradición clásica del teatro español y de la cultura hispánica, en que el código del honor es el agente último que determina la mecánica del conflicto, los personajes de la mejor dramaturgia cubana y, por ende, los del teatro de Triana, funcionan teniendo presente esa responsabilidad moral que es el factor acondicionador de los actos que tienen que llevarse hasta sus últimas consecuencias. El crítico percibe claramente que en Cuba no se pueden despolitizar los textos de la literatura contemporánea porque ellos están determinados por la historia. Pero, recalca, de lo que aquí se trata es de un honor civil y no del de la sexualidad violada. Discute la relación del autoritarismo con las normas éticas de la conducta y se pregunta por el particular significado de los dramaturgos cubanos que se formaron entre los años 50 y 60 y que siguieron escribiendo más allá de estas fechas. Cómo se compara el producto de estos dramaturgos con la producción precedente y con la siguiente. En esta "generación de entre pateaduras," Montes Huidobro considera que José Triana juega un papel de primerísima importancia porque su teatro se enfrenta con un creciente drama histórico que encuentra en el abuso del poder su conflicto temático. La obra de Triana, ajena a la línea oficial, es lo que ha dificultado, según Montes Huidobro, su ubicación. Se analizan los nexos de *El Mayor General hablará de Teogonía* con *La noche de los asesinos*; se ubica *Ceremonial de guerra* (1968-73) coincidiendo con la formación del grupo Teatro Escambray y se muestra que, aunque *Ceremonial* está ubicada en 1895, se halla unida a ese Teatro Escambray y se le asigna carácter alegórico, marcándose astutamente la diferencia fundamental entre ambas expresiones dramáticas: "[E]tica y antiética se confrontan en la ficción y la realidad obligando a una decisión entre una ética autoritaria y otra humanística," usando la terminología de Erich Fromm.

El artículo de Diana Taylor, "*La noche de los asesinos*: la política de la ambigüedad," se limita al análisis, desde el punto de vista de la ambigüedad dramática, de la obra que mayormente ha contribuido al conocimiento y fama del dramaturgo cubano. Pero la bibliografía crítica se enriquece aquí con una aproximación original en la que se considera que Triana siempre ha examinado la relación entre el teatro y la revolución y la función del teatro en los períodos de revolución y qué entendemos por teatro revolucionario. El plantea estas cuestiones, afirma Taylor, desde el primer momento y más tarde cuando es juzgado como contrarrevolucionario y marginado. Taylor observa lo que podríamos bautizar como una miopía crítica, puesto que, en el extranjero, se ha examinado la obra de Triana, en general y esta obra en particular, aislada de su contexto político, viéndolas o bien como universales o como pertenecientes al teatro de la crueldad o del absurdo o como un ritual de Genet. Pero Taylor considera que es erróneo ubicar la obra de Triana en oposición al contexto revolucionario y como un fenómeno aislado de su contexto socio-político concreto: la revolución cubana. Porque en opinión de ella éste es, a nivel político y estético, un teatro revolucionario aunque no en el sentido en que sus críticos fueron capaces de reconocer o aceptar. Ella enfoca sólo las implicaciones políticas de *La noche de los asesinos* pero indicando, cuando es posible, cómo pueden ser consideradas otras conexiones. Para Taylor *La noche* es una obra acerca de la revolución escrita en el momento en que Triana ejerce más influencia en el partido fidelista. Todo el argumento de Taylor se basa en la ambigüedad del texto. La obra plantea uno de los problemas centrales de la época respecto de la relación y compromiso entre la acción dramática y la acción social. Pero no con una voz reconocible ni desde una posición localizable. Ella considera que el carácter genérico y político de la obra desaparece detrás de su ventriloquismo, que no es una pieza dramática *útil*, en el sentido aceptado dentro del teatro revolucionario que apoyaba sin ambigüedad la revolución.

Los dos últimos artículos del volumen están, cada uno, dedicados a una obra en particular. El artículo de Kirsten Nigro, "Orden, limpieza y *Palabras comunes*: otra vez los juegos prohibidos," nos traslada al mundo de *Palabras comunes*, una de las obras producidas en el exilio puesto que data de 1986. La Profesora Nigro señala con acierto los puntos de contacto que esta obra posee con *La noche de los asesinos*, aunque a primera vista puedan parecer tan diferentes. Demuestra, asimismo, con perspicacia, que la fuerza dramática de la obra está dada no sólo por la historia que desarrolla sino, muy especialmente, por la particular presentación teatral en la que Triana ha sabido imbuir de un fuerte simbolismo al mundo verosímil, básicamente realista, de la obra. Y procede entonces a demostrar cómo ese simbolismo está dado por una serie de oposiciones.

Por su parte, el artículo de Priscilla Meléndez, " 'Revolico en el Campo de Marte': Triana y la farsa esperpéntica," se centra en esta obra (que data de 1981, i.e., igualmente escrita en el exilio) a partir del trampolín de la polisemia conceptual y lingüística del absurdo. La Profesora Meléndez establece un paralelismo entre el carácter farsesco y paródico de la obra de Triana y la pluralidad de niveles y significados que caracteriza la corriente del absurdo. "Revolico" no es totalmente fiel a la estética del absurdo ya que en esta farsa esperpéntica se pueden reconocer no sólo las fórmulas y convenciones de la comedia de errores, con su respectivo carácter grotesco, sino el diálogo paródico y deconstructivo de un texto que conoce a fondo su propia historia literaria, cultural y social. Meléndez indaga cómo "Revolico" somete a escrutinio los códigos tradicionales del lenguaje que se traducen en una insistente caracterización de lo dual a través de parejas excluyentes. También señala las estructuras paralelas que la obra comparte con el bufo cubano, analizando la función dual que ejerce el uso del verso que, por un lado, evoca y teatraliza importantes esquemas literarios tanto de la tradición hispánica como de la afrocubana y popular, y por otro parodia esos esquemas al recontextualizarlos dentro de una trama absurda y de un teatro contemporáneo. Sostiene que lo que Triana lleva a cabo es un acto de agresión estética que conduce al desenmascaramiento de otras agresiones de carácter formal, sicológico y político.

Espero que esta breve recorrida por los trabajos que Uds., lectores, se disponen a leer, les resulte tan útil, iluminadora y, en última instancia, tan "perturbadora," como lo ha sido para mí. José Triana es un ser de espíritu profundamente poético (en el sentido etimológico de la palabra, i.e., "creador") y su obra teatral, cuya complejidad y belleza muestran estos estudios amplia y rigurosamente, merece que se la ausculte de cerca, que se la difunda y que se la comprenda. Otro volumen habrá que dedicar muy pronto, y también muy merecidamente, a su poesía, una de las más delicadas y sugerentes que se hayan producido en nuestro continente.

IMAGEN DE IMAGEN: ENTREVISTA CON JOSE TRIANA

JOSÉ ESCARPANTER
Atenas, Grecia

José A. Escarpanter: Quiero saber tu opinión sobre la puesta de *La noche de los asesinos* que hizo el grupo Avante en el IV Festival de Teatro Hispánico de Miami en 1989.

José Triana: A mí me parece que la puesta en escena de Alberto Sarraín es uno de los montajes más osados que he visto de una obra mía. Su osadía consiste en jugar con el texto. El texto no es un cuerpo sagrado, es algo que tiene que vivir y debe hacérsele vivir al espectador. Ver esa puesta es una de las noches más emocionantes que he tenido, después de dos experiencias fundamentales: una fue la presentación en la radio de *Palabras comunes* por France Culture y la otra, la puesta en escena de esa misma pieza por la Royal Shakespeare Company. Creo que el trabajo del grupo Avante ha conseguido que el texto pueda interpretarse de otra manera. Hay un sentido del humor mucho más vital, mucho más fuerte, así como las pausas, los juegos con la música, la violencia y la tensión emocional. Me parece verdaderamente lograda. No es una puesta en escena perfecta; yo nunca estoy por que una pieza de teatro o cualquier otra obra artística deba ser perfecta, yo creo más en el acto vital que es en sí misma. No lo que debía ser, sino lo que es y considerarla a partir de lo que es: eso es lo más hermoso de la vida y lo más hermoso de disfrutar de una obra de teatro.

JAE: Cuando yo enseño *La noche de los asesinos* siempre la relaciono con la situación política cubana en el momento en que la obra recibió el premio Casa de las Américas, se estrenó y se llevó al extranjero por el grupo Teatro Estudio bajo la dirección de Vicente Revuelta. ¿Tú tenías esa intención política cuando escribiste la pieza?

JT: Hablar de que si tenía clara la intención política o no, sería arriesgado y aventurado decirlo. Lo más importante es que eso ocurrió dentro del proceso revolucionario que se vivía en Cuba. Mientras en los periódicos aparecían loas y alabanzas al sistema institucionalizado allí. El hecho que la obra se escribiera en ese momento, ya es un hecho político.

Muchos críticos han tratado de concretarse sólo al texto y lo interpretan como una obra sicológica. No creo que ése sea el camino más adecuado para enfocar la obra. La pieza tiene un elemento fundamental que es la lucha de unos individuos, no deben ser jóvenes específicamente sino gente adulta, la gente de mi propia generación. Escribí *La noche de los asesinos* cuando tenía 33 años, es decir que a partir de esa edad es que creo que debe concebirse a sus personajes, aun cuando esta pieza no tiene una connotación autobiográfica. La mayoría de los comentaristas cubanos cree que expuse los problemas de mi familia. Hay referencias a mi familia, como en toda la obra que escribe un ser humano, pero éstas no son la clave de la obra. La cuestión más importante en el texto es el enfrentamiento a un poder absolutista y banal. Hay que recordar que todo lo que los hijos les reprochan a los padres son banalidades; por lo tanto, son reproches cómicos. A los 33 años pensar que un vaso de agua tiene una connotación metafísica supone que el mundo anda mal, que esas gentes andan mal. ¿Por qué ese vaso de agua que se cayó y se derramó en el suelo y se hizo añicos puede crear una catástrofe? ¿Qué era lo que iba sucediendo a lo largo de todos los problemas que tuvimos en Cuba, como fueron la primera diáspora y después la segunda, cuando los cubanos se iban por Camarioca en el año 65 y la creación de la UMAP, que venía funcionando desde el año 1964, el proceso de Marquitos y antes el asunto de Bahía de Cochinos? Es decir, el gobierno había ejercido una corrupción de entrada: el ser humano no se tenía en cuenta. Ahí lo único que importaba era la supervivencia de un sistema. Entonces, es cierto que yo como escritor no soy un escritor político, nunca me he jactado de ello; a mí lo único que me ha interesado siempre es la historia, pero como la historia y la política siempre van unidas, y si yo analizo la situación central de cómo era la división que existía en la familia cubana, en que los hijos podían ser revolucionarios y los padres contrarrevolucionarios, ya entro en la política. Toda esa problemática está recogida en la obra. Esa pieza se escribió en Cuba bajo la revolución y es en ese momento en que la obra tiene validez. No poseía la documentación necesaria para conocer todos los elementos de la cotidianidad política de nuestra sociedad, pero sí sabía que había cientos de casos de personas que eran juzgadas cruelmente y tú recuerdas algunos de los casos en Cuba de los cuales fuimos testigos, porque en un determinado momento nosotros estuvimos trabajando juntos en el Consejo Nacional de Cultura: aquellos juicios que se hicieron a actores y actrices por su conducta sospechosa, ya fuera contrarrevolucionaria o por algún que otro desliz sexual. Ahora, ¿qué significaba entonces la palabra contrarrevolución? ¿El rechazo de un régimen absolutista? ¿Eso era contrarrevolución?

¿O la contrarrevolución era otra cosa? Pienso que la contrarrevolución es siempre una ideología que va en contra porque quiere apoyar el sistema anterior, el régimen antiguo. Pero estimo que ninguno de los miembros de nuestra generación hubiera querido apoyar a Batista ni hubiera estado interesado en restablecer la república tal y como funcionaba en los años anteriores. Si se analiza una serie de coordinadas sociales que se movían en aquel momento, el resultado es que posiblemente yo sea quien fue el intérprete más cercano de esa situación. ¿Había un deseo contrarrevolucionario en nosotros? No, había un deseo de limpieza, de cambio real, verdadero, más profundo, pero con más tacto, con menos histeria, con menos represión.

JAE: En la escena en que Lalo toma el poder, resulta que su poder es tan arbitrario y represivo como el de los padres.

JT: Natural, porque Lalo no tiene la capacidad o la intuición o quizás la clarividencia para poder actuar en un caso preciso como éste. Además, recuerda que *La noche de los asesinos* es una obra bañada por la fuerza del amor, que no es un poder negativo. Los poderes negativos son los que se exponen, pero en el subtexto los personajes son seres cargados de amor, lo que hace mucho más difícil tener la clarividencia necesaria para poder actuar. Siempre se ha hablado de que el amor es ciego y lo presentan con los ojos vendados. Estos tres personajes están siempre en una continua "lipidia." Recuerdas esta palabra tan cubana ¿no?, en esa especie de "cachumbambé" espiritual entre lo que se debe hacer y lo que no se debe hacer. Entonces todas las fuerzas maniqueas que se exponen en la obra y que son aparentemente lúcidas, para mí son desconcertantes. Recuerda que también hay un elemento muy importante en este texto y es que los personajes están como poseídos por un trance de mediumnidad. Es decir, esa obra también es un exorcismo, un exorcismo espiritual en el mejor sentido de la palabra. Podría llamársele un exorcismo espiritista. Ten en cuenta que yo desde muy pequeño asistía a ese tipo de actividad religiosa que era bastante perseguida dentro de la sociedad cubana o, mejor dicho, mal vista. En la obra, Lalo repite el mundo de sus padres y este hecho coincide con el momento en que la revolución tiene su gran fuerza, en los años en que la mayoría estábamos ciegos por el embullo.

JAE: Sí, el embullo, que no se menciona al comentar la cultura cubana, pero que es un factor muy importante entre nosotros.

JT: Tienes razón y del embullo muchos cubanos vivimos enamorados en ese primer período del año 59 hasta el año 68 más o menos, lo cual terminó con la ofensiva revolucionaria y la entrada de los tanques soviéticos en Praga. Y también con la muerte en el 67 del Che Guevara. Esos fueron los acontecimientos que ya fueron creando un cierto malestar interno desde el punto de vista político.

JAE: O sea, que es lícito enfocar *La noche de los asesinos* desde una perspectiva política.

JT: Naturalmente. Los hijos se convierten en los padres, repiten lo mismo. Esa es la tristeza. Por eso *La noche de los asesinos* es también una obra de un enorme desencanto, de una enorme tristeza y de un desesperado amor que no puede manifestarse. Recuerda que yo te estuve hablando hace un momento de trances mediúmnicos: esta gente está poseída por las fuerzas del pasado que vienen y se imponen. Como podría estarlo una sacerdotisa delante de un altar de Ochún, de Yemayá o de Obatalá. Porque esos son nuestros dioses, a los cuales yo me siento cada día más ligado y con los cuales he tenido experiencias muy hermosas. Además se da algo que quiero destacar: estos personajes son fragmentarios, son fuerzas y son fragmentos. Son fuerzas como dislocadas por momentos porque reflejan actos de lo vivido en el pasado. Ellos no se plantean el futuro. Solamente se concretan a exorcisar, a apartar el mal, como ocurre en una obra anterior mía, *La muerte del Ñeque*. Si recuerdas bien, toda esa obra tiene el leimotivo musical de los cantos a San Hilarión llamados "oriles." Si eso existía en *La muerte del Ñeque*, en *La noche de los asesinos* hay una correspondencia con ese motivo, pero de otro modo, porque yo fui profundizando más en cada intento dramático que iba haciendo. En *La noche de los asesinos* existe la fragmentación. Los personajes o las entidades, para ser más preciso, son guiadas por pulsiones fragmentarias, porque el ser humano también es fragmentario. Nosotros somos criaturas de situaciones. Niego la integridad sicológica como determinante de la vida del hombre. Lo determinante no es la sicología, sino los instantes. La fuerza del instante es lo que marca a una persona y lo que la hace actuar, vivir y recrear. Entonces, si se toman los personajes de la obra de ese modo, uno se da cuenta que el elemento básico de un exorcismo o de una experiencia espiritista está fundamentado en el amor. Que aparezcan los rasgos del odio o de la incomprensión es normal. Ahora, si se juzga que Lalo es una entidad absoluta y que es la encarnación del rebelde o es la manifestación activa que busca una fuerza positiva, yo creo que es aceptable esa interpretación, pero no tiene nada que ver con lo que pienso de la obra y con lo que me impulsó a su escritura porque no creo en ningún personaje como lo concebía la estética realista. Para mí el personaje es fragmento. Los de *Palabras comunes*, ¿qué son? Fragmentos. La gente es fragmentos. Dan la ilusión de tener coherencia, pero eso es una máscara, como sucede en otra obra mía, "Revolico en el Campo de Marte." En mi teatro no aparece nunca la sicología. La sicología yo la he dejado en el desván, yo no sé nada de eso. Sin embargo, debe anotarse que los tratamientos terapéuticos se basan siempre en situaciones, la gente se cura por situaciones y por reconstrucciones y por exorcismos. ¿Oscuramente, a tientas, me aproximo a ese tipo de tratamiento? ¿O es algo diferente? Lo cierto es que mis personajes se exorcizan. En *El Mayor General hablará de Teogonía*, ¿qué se hace?: un exorcismo que no llega a su fin. *Medea en el espejo* es un largo exorcismo: el exorcismo de la protagonista llega a su finalidad, que es la locura. *La muerte del Ñeque* es toda un exorcismo. ¿Qué es *El parque de la Fraternidad*? ¿Qué es ese chico hablando con ese anciano y aquella negra esotérica que viene, aparece y lo único que dice al final es "¿Por dónde pasa la ruta 76?," que era el autobús que llevaba a Mazorra, la institución para dementes cercana a La Habana? Un crítico que no esté muy avezado no se da cuenta de cómo ha ido caminando el fenómeno de mi proceso creador. Después llegamos a *La noche de los asesinos* y entonces todo el mundo ha visto muchos elementos allí, pero también hay otros que no se han contemplado.

JAE: Dejando esos comentarios tan esclarecedores sobre tu obra más difundida, me interesa preguntarte ahora sobre *Ceremonial de guerra*, pieza que apareció en la editorial Persona con prólogo del profesor George Woodyard. Esta es una pieza muy especial dentro de la evolución de tu teatro, pues la impresión que tengo es que en el momento en que la escribiste tú todavía tratabas de creer que existía algo salvable en la Revolución Cubana. ¿Estoy en lo cierto o no?

JT: Siempre creo que hay algo dentro de todo lo que vivimos que merece la pena, porque si no, entonces es mejor acudir a aquel juego de la ruleta rusa: ése sería el único camino para todos. Yo tengo que creer, yo tengo la necesidad de creer en esta sociedad, como en la sociedad cubana, que es algo que me pertenece. El hecho de que el fracaso de la Revolución se haya ido haciendo más patente año tras año, no quiere decir que yo no sueñe con una verdadera revolución, con que el mundo debe ser mejor. El que me quiera ver de otro modo se equivoca. Pienso que vivimos y luchamos en una sociedad para que esa sociedad resulte mejor, ya sea con el nombre de revolución o ya sea con el nombre de democracia. Aspiro a que el hombre viva mejor en este mundo, que sea mejor y que se le den mayores oportunidades y que la problematización y la fragmentación de lo que somos alcancen una aceptación por todos y que no veamos sólo pequeñas unidades negativas o positivas. Detesto el maniqueísmo, quiero a la gente tal y como es y me gustaría que algunas veces esa gente fuera mejor, como yo quiero ser mejor cada día y algunas veces me equivoco porque somos también hijos del error. Así, el planteamiento que hago en *Ceremonial de guerra* es el error que un hombre comete con otro en nuestra guerra de independencia, la del 95. Error que para mí vuelve como una especie de fantasma en la sociedad cubana en la cual estaba viviendo en ese momento, año de 1973. Y estuve forcejeando con esa obra desde 1968 y tuvo muchas variantes. Finalmente la logré después de dar muchas vueltas y de rehacerla varias veces. Es una obra muy pensada. Creo que trato de exponer en ella la desilusión de un hombre frente a una situación. Esa desilusión que él no entiende claramente, él sabe que tiene un machete en las manos y que tiene el mapa, pero él no sabe si va a continuar peleando y sólo se decide cuando aparece un personaje que viene gritando: "¡Viva Cuba libre!"

JAE: El vendedor ambulante que para mí es un personaje clave, pues trae, además, la magia, el absurdo, la poesía.

JT: El personaje grita "¡Viva Cuba libre!," que es el grito que daban los mambises en la manigua cubana. Yo quiero pensar que todavía en la manigua, quizás en algún momento, salgan esos caballos y todos los muertos, negros, blancos y mulatos que vienen pidiendo justicia, pidiendo libertad en una larga caravana para restituir esa libertad que ha sido aplastada durante años y años.

JAE: Ese personaje del vendedor ambulante, quien aparece sólo dos veces en la obra, pero que cambia por completo la trama, ¿tú lo concebiste blanco o mulato?

JT: Debe de ser en cierto modo indefinible, puede ser hasta aindiado si quieres, pero puede ser mulato, ¿por qué no? O negro. Yo creo que ahí es donde están las claves de nuestra sociedad, por eso también los otros personajes de la obra deben estar mezclados en cuanto a lo que se refiere al color de la piel. Pero ahora creo que el vendedor ambulante debe ser mulato.

JAE: Volviendo a mi pregunta inicial sobre el texto, cuando tú escribes la pieza ¿estás pensando en la posibilidad de rectificación de la Revolución Cubana?

JT: No, no, estoy exponiendo allí lo que pasó, que eso fue así. Que eso pueda o no pueda cambiar no soy yo quien lo va a decidir, sino que van a ser determinadas coordinadas económicas, políticas, etc., pero eso sucedió, fue así o eso estuvo en mi memoria de ese modo. Puede ser que yo sea un ser tan alucinado que le doy vida a cosas inexistentes. Con esa obra a mí me ocurrió una experiencia única. Esa obra está escrita porque yo tenía como una especie de pesadilla recurrente en la que estaba en el campo y alguien me daba un machetazo, yo me veía la pierna podrida y no me podía mover. Era todo un delirio, como sucede en las pesadillas, donde los hechos y las personas se entrecruzan, se transforman y toman niveles diferentes, donde lo imaginario asume una importancia violenta. Ese sueño actuaba de una manera decisiva en mi vida cotidiana hasta el punto que empecé a tener dolores en una pierna. Eso fue lo que me impulsó a la escritura de la obra. Entonces la compuse de una larga tirada, aunque ése no es mi procedimiento habitual. Yo primero hago bocetos de lo que voy a escribir y de los personajes. Me gusta tenerlos claros para que ellos se vayan defendiendo y vayan hablando como quieran a medida que la acción transcurre. Pues bien, le llevé el primer acto a Lezama Lima, quien lo leyó y me dijo que yo estaba escribiendo una obra que tenía connotaciones muy directas con una tragedia griega, *Filoctetes* de Eurípides. Yo me fui desesperado para mi casa porque Lezama me había planteado una situación similar a la de una ficción de Borges. Releí la obra de Eurípides, la cual había sido una de las tragedias que me habían impresionado mucho cuando había leído todo el teatro griego, pero sobre la cual no había vuelto. Al terminar de leerla comprendí que, efectivamente, había semejanzas, pero también enormes diferencias, como la mordida de la serpiente y el vivir años en el lugar. Yo me tranquilicé y me dispuse a ver en qué me podía servir *Filoctetes*. Estudié su construcción y analicé los elementos que podría yo utilizar, como discusiones que están allí a medio empezar, a las que yo podría darles otra connotación. El texto griego me ayudó a terminar mi obra. Al concluirla se la llevé a Lezama y me hizo que se la leyera, pues a él le encantaba que yo me pusiera a leerle mis obras porque yo le representaba todos los personajes. Lezama escuchó el primer acto y me dijo: "Te has quedado corto, me parece que podrías llevarla a un mayor delirio y ahora *Filoctetes* no tiene nada que hacer ahí." Yo atendí a las sugerencias de Lezama e hice cambios esenciales. Después de varias discusiones, retomé los personajes de Angel y Carlos, los desarrollé más y alargué también el de Aracelio Fonseca. Trabajé muchas veces las discusiones entre Carlos y Aracelio y el monólogo de Aracelio, "Tu cabeza anda mal . . ."

JAE: ¿Qué puedes decirme del título?

JT: Era un título que me venía dando vueltas durante muchos años.

JAE: Pero en realidad no es un ceremonial en el sentido tradicional.

JT: No, es otra cosa. Pero recuerda la escena de los hombres cantando canciones de cuna mientras están limpiando los rifles.

JAE: Esa escena teatralmente está muy lograda. Yo pienso que es la mejor obra que se ha escrito en Cuba sobre la Guerra de Independencia.

JT: Muchos que han leído la obra la consideran una de las mejores que he hecho, yo no te lo sabría decir.

JAE: Vamos a hablar ahora de "Revolico en el Campo de Marte."

JT: El de "Revolico" es el período de mi peor crisis de creación y de injusticia porque fue una época en la cual todo y todos se confabulaban para negarme después de *La noche de los asesinos*. Esa etapa fue un momento de muerte cívica para mí, pues era vituperado en los periódicos, al mismo tiempo que se daban asambleas donde me acusaban de contrarrevolucionario, desviacionista ideológico y muchas cosas más. Se me puso a trabajar en talleres con obreros, lo cual fue para mí una maravilla. Se había filmado una película que no tuvo éxito, en la cual yo había colaborado en el guión con Tomás Gutiérrez Alea. El filme fue un fracaso porque del guión que se había escrito a lo que se filmó había una enorme diferencia y al mismo tiempo surgieron problemas en la filmación. El caso es que reconocí del guión original sólo cinco escenas. Me sentía muy mal porque había trabajado muchísimo y estaba encantado con la idea de hacer cine y fue como un golpe terrible toda esta historia. En esos momentos tuvieron lugar todos los problemas de los premios UNEAC otorgados a Heberto Padilla en poesía por *Fuera del juego* y a Antón Arrufat en teatro por *Los siete contra Tebas*. Afortunadamente, fui uno de los jurados del premio de teatro. Con el cambio de política y la necesidad de que la cultura se popularizara, nos apartaron a todos nosotros, crearon nuevos equipos que en realidad no tenían una gran formación y que fueron los que tuvieron el poder en ese momento. En ese período de marginalización que había comenzado lentamente desde el 68, ya me sentía bastante mal y empecé a escribir esta comedia que es como el deseo de vivir. A alguien le dije que yo había hecho esta comedia como si fuera un juego mozartiano, como una *Flauta mágica*, pero española y cubana, como esa flauta que aparece de pronto y lo transforma todo. Debo repetirte que siempre he sido un lector infatigable de Shakespeare y de los dramaturgos clásicos españoles. No me inquieta la resonancia que pueda haber de esos escritores, pues está más que justificada. Chéjov es otro que también leo a menudo, así que es posible que yo tenga ciertas influencias suyas también, aunque nadie las haya visto. De Chéjov hay en "Revolico" cierta melancolía de fondo. En realidad, al escribirla yo me dije: "Caramba, nadie en Hispanoamérica se ha preocupado de hacerle un homenaje al teatro clásico español. Las únicas que se atrevieron fueron las dos doñas, Sor Juana Inés de la Cruz y nuestra Gertrudis Gómez de Avellaneda."

JAE: No te olvides de José Jacinto Milanés.

JT: Es cierto. Milanés hace un intento de aproximación a los clásicos españoles interpretando la vida cubana. Bueno, influido por Milanés y también por Luaces, por las lecturas de *Los negros catedráticos*, de Lope y de Calderón, me dije: "¿Por qué no hacer una noche encantada? ¿Por qué no hacer una fascinación?" En mi teatro yo todo el tiempo me lo paso con esos dramas, con esas historias. En esta obra no va a haber sangre y si la hay es una sangre oculta, no quiero que haya tragedias, solamente quiero que haya una pirotecnia verbal exaltada, como es nuestro país, donde hay muchos periodistas, algunos apenas conocidos, que la han utilizado, como Miguel de Marcos, cuya novela *Papaíto Mayarí* fue una revelación para mí, y las estampas de Eladio Secades y, también, los discursos de nuestro presidente Ramón Grau San Martín. Voy a hacer una comedia donde se incorporen todos estos elementos que para mí son anacrónicos y vitales, con la tradición de los negritos catedráticos hablando de un modo sorprendente. Porque esto ha sido nuestra vida, y la obra hay que matizarla después con la música de las claves, de la guitarra, que puede ser un poco sevillana, pero que también es muy cubana, el toque del tambor, los pregones y la música de Faílde y los sones cubanos, que son una maravilla. El danzón "Las alturas de Simpson" de Faílde cuando se inicia es fabuloso, como el despertar, yo pienso, de una nueva concepción de la vida. Después hay otra cosa extraordinaria que es la noche cubana, esa noche azul donde las estrellas parece que bajan y tocan la tierra y se siente el olor de los jazmines, de las gardenias y de las mariposas que van como haciéndonos creer que pertenecemos a una eternidad intocable. Hay que transmitir ese mundo, donde están el marginado, el pequeño burgués de pirueta y las mujeres. Teniendo ese ambiente, hay un lugar en La Habana que a mí me fascinaba siempre: el parque de la Fraternidad. Yo había hecho una obra corta que se desarrollaba allí, pero yo quería hacer otra que dignificara ese sitio, como debe dignificarse todo. Creo que "Revolico" es una de las piezas más hermosas que yo he escrito por el tono desusado de la conversación y los sonetos, que tendrán sentido o no, pero que están ahí. Ellos nacieron y vivieron esa vida que algunas veces venía con un tono de chancleteo. Creo que esos sonetos y toda la obra respiran ese ambiente muy particular, fuerte, muy preciso que forma parte de la vida cubana. Y le di la estructura de una típica comedia de capa y espada del teatro clásico español porque yo quería que la obra tuviera la eternidad de esa tradición y, al mismo tiempo, quise darle continuidad a nuestra historia porque, en realidad, la máxima preocupación que yo he tenido es la de replantearme mi país y considerarme orgulloso de él. Hay una expresión en "Revolico" que dice : "El cuerpo vuela," y yo creo que el cubano es eso, algo que vuela, que se va, que es aéreo y que a la vez tiene una presencia increíble dentro de la sociedad contemporánea en que vivimos. Considero que nuestro potencial, que desgraciadamente está reprimido desde hace más de treinta años, sigue ahí. Nuestro pueblo sigue como caminado por su propio paso, casi aéreo, que va y se transforma, vuela, entra en otras naciones, parece que se deshace y vuelve y se reincorpora. Posiblemente con todos los pueblos del mundo suceda igual, porque tampoco vamos a llegar ahora a la locura de creer que somos el pueblo elegido y crear una mística cubana. Pero, indudablemente, el cubano tiene esa capacidad de sufrir transformaciones y parece que no tiene historia, pero la historia está ahí cuando se la busca, cuando se toca: ahí está el meollo de nuestra vida. He tratado de reflejar nuestra historia y nuestra idiosincrasia en todas mis obras y particularmente he querido destacar el desbordamiento criollo en "Revolico" donde todos los personajes tienen máscaras, se caen unas y empiezan otras, porque Cuba es un pueblo de travestíes: por eso en la comedia todo el mundo se disfraza, hasta los matones andan disfrazados.

JAE: Cuando planeaste la comedia, ¿concebiste algunos personajes como blancos, otros como negros y otros como mulatos?

JT: Sí, yo creo que hay de todo. Especialmente la santera es negra, debe ser una negra fabulosa o si no, mulata.

JAE: Después de todas las declaraciones sobre tu obra, quiero saber si tú te consideras un escritor posmoderno.

JT: Yo sé que estoy viviendo ahora, yo no sé si soy posmoderno o no. ¿Cómo me ves tú?

JAE: Creo que eres un escritor muy actual, es decir, un escritor muy posmoderno. Y yo entiendo por posmodernidad el actual momento filosófico que rompe con las estructuras rígidas del pensamiento racionalista moderno. Uno de los puntos a los que tú te has referido con mucha gracia y mucha sorna, el de que a la sicología la has dejado en el desván, responde al pensamiento posmoderno.

JT: Entonces yo debo ser posmoderno.

JAE: Yo creo que la posmodernidad en Cuba tiene dos caras y que hay dos maestros, Virgilio Piñera y Lezama Lima, que iniciaron a los escritores de nuestra generación en la posmodernidad. Se ha hablado mucho de la relación de tu teatro con el de Piñera y de tu amistad con él, pero yo creo que tu obra se inclina más a la de Lezama, no como una influencia, sino que tú estás más dentro de la filosofía, dentro de la visión del mundo de Lezama, que dentro de la visión que tenía Piñera. ¿Qué piensas de esto?

JT: No sé. Ahí sí no te puedo decir. Para mí fueron dos amigos entrañables. Creo que de los dos aprendí mucho. Son dos personalidades con las cuales compartí mi pasión por la vida, la misma pasión que pongo en todas mis cosas. Me enseñaron, como mi padre me enseñó a hablar y mi madre me enseñó a querer. Creo que todos tenemos deudas con todo lo que tenemos. Yo tengo deudas con la obra de los clásicos griegos, con el teatro shakespereano, con el teatro clásico español. También la tengo con el teatro bufo cubano y con nuestro llamado teatro culto, como Milanés, la Avellaneda y Luaces, pero también, ¿por qué no?, con las antiguas leyendas de la China o de la India y también con algunos libros escritos en América como el libro de las transformaciones, el *Popol Vuh* y las leyendas yorubas. Africa está también ahí. Yo te mencionaba hace un rato una frase de mi "Revolico..."—"el cuerpo vuela"; esa idea está dentro de la cultura maya y también dentro de las culturas africanas. Si se lee el libro *El bebedor de palma* de Amos Tutola, ahí tomamos consciencia también de que los cuerpos son aéreos y sufren transformaciones. No, yo no diría que me acerco más a Lezama que a Virgilio Piñera porque eso sería injusto. A los dos los quise y admiré apasionadamente. Como seres humanos creo que me dejaron una gran aportación, que es el sentido de la amistad y que eso me ha permitido darle sentido de continuidad a mi vida y, por lo tanto, a mi obra. Yo estoy en deuda con todo. Desde que es niño todo ser humano está lleno de deudas hacia la vida, hacia los otros y resulta muy difícil determinar de quién ha recibido más o a quién se ha acercado más.

JAE: Entonces, ¿tú no crees que haya saberes rotundos?

JT: Yo no creo que haya un saber rotundo. La poesía norteamericana, por ejemplo, para mí tiene momentos maravillosos, como Alan Ginsberg. Yo creo que cuando leí su poema "Grito o aullido" yo me sentí conmovido y yo creía que estaba corriendo como él en busca de algo, pero es que si uno lee la *Biblia* también se siente algo por el estilo con el *Libro de Jonás* o con el *Libro de Ezequiel*. El Viejo Testamento es extraordinario. Todo el mundo habla del Nuevo, pero yo he encontrado en el Viejo tantas cosas que me pertenecen y que te pertenecen a tí. Es decir, estamos en el mundo y todo nos pertenece. Cuando hemos visto las danzas hindúes, qué cosa tan lejana de nuestras danzas, ¿no?, sin embargo las ves y ejercen una fascinación y participas en ese espectáculo. No hay nada más alejado de nuestra cultura que el teatro japonés *noh* y cuando se ve el espectáculo en sí mismo, con la música del gesto, esas son cosas que te van incorporando también y entonces se comprende que todos somos una suma, o mejor, una asimilación, que después es un vaso perfecto, porque es el hombre. Dentro de todas las imperfecciones es ese vaso que existe, que es el hombre, un abanico de posibilidades o una flor, como una gardenia. Imagínate una gardenia o una mariposa en una noche oscura y que viene un rayo de luz y se posa sobre ella. Entonces te das cuenta de la vastedad que puede tener una imagen y somos eso, una imagen en el mundo, imagen de imagen y entonces entramos en el laberinto de espejos.

ELEMENTOS DE LA TRAGEDIA GRIEGA EN LAS OBRAS TEMPRANAS DE JOSÉ TRIANA

ROBERT LIMA
The Pennsylvania State University/University Park

La tragedia griega se desenvolvió en un contexto cultural y religioso que poseía una significación esencial para la sociedad helénica del siglo V a. C., la época de Esquilo, Sófocles y Eurípides. Tanto éstos, como el resto de los autores de tragedias de dicho período, escribieron y representaron sus obras dentro del marco de las grandes fiestas dionisíacas, la anual celebración ateniense que tenía lugar en primavera en honor de la muerte y la resurrección del dios de los campos y de las viñas, el cual se convirtió en personaje principal sólo en las *Bacchae* de Eurípides, entre las tragedias existentes.

Los dramaturgos griegos elaboraron unas premisas que el pueblo conocía y vivía, y en las que creía. Entre éstas se incluían una tradición ritual de origen antiguo, la *tragoidia* (el balido del animal sacrificado); la constante idea de *moira* (Destino personal), transformada posteriormente en *heimarmene* (Destino universal); los complejos papeles de los dioses del Olimpo y su intervención en los asuntos humanos; la voz rítmica y armónica del coro, bien como actor, comentador o elemento lírico durante el *agon* (lucha); el concepto de *hamartia*, el trágico defecto de carácter del protagonista, generalmente denominado *hubris* (orgullo o arrogancia excesivos); la repentina inversión de la situación (*peripeteia*), que con frecuencia conducía a la ironía dramática. Incluso el argumento, basado en la "trama única" de un noble y serio *ethos* (la unidad de acción de Aristóteles), era conocido por la audiencia, quedando excluido de este modo, el elemento de suspenso. Al presenciar el proceso hacia la inevitable caída del héroe trágico, persona de carácter noble y de elevado rango, el espectador griego experimentaba lo que Aristóteles denominó *katarsis*, la saludable purga de las emociones de piedad y temor.

El efecto de la tragedia era positivo y edificante, a pesar de los golpes del Destino y sus consecuencias negativas. El final era benéfico porque en la escena de reconocimiento (*anagnorisis*), el protagonista trágico se enfrentaba a las limitaciones y fragilidad humanas, abandonaba la semi-divinización que le había sido otorgada en virtud de su alto rango social y político, y optaba por recoger los pedazos que le quedaban después de la caída. De este modo, se encaminaba hacia un nuevo comienzo, como es el caso de *Edipo, rey* de Sófocles, el principal modelo de Aristóteles a la hora de definir el género de la tragedia en su *Poética*. Fue la tragedia la que interpretó la condición humana en términos realistas; siendo espejo de la vida, mostró que incluso el ser humano más ensalzado, a pesar de sus atributos casi divinos, estaba sujeto a las mismas maquinaciones del Destino que el más humilde mortal de la audiencia griega.

El teatro de José Triana se basa en la vida cubana actual igual que las tragedias de los autores clásicos lo hacían en la vida griega. Aunque las obras de Triana estén localizadas en un período indefinido, su punto de partida es la realidad socio-política de la Cuba del siglo XX en la que se amalgaman tradiciones españolas y africanas de carácter religioso, social y político, profundamente arraigadas. En ciertas ocasiones, Triana trabaja del mismo modo que los griegos al utilizar elementos enraizados en la vida cubana como marco de sus dramas. Y dado que percibe tantos paralelismos entre la cultura cubana y la antigüedad griega, según se desprende de las tragedias existentes, utiliza estas obras maestras de la condición humana como pilares para el enjuiciamiento de la vida de su isla natal. Pero esto no significa que la tradición rija de forma absoluta en sus obras; de hecho, como hicieron Ibsen, O'Neill, Lorca, Miller, Williams y otros, Triana maneja elementos de la tragedia griega que retratan una sociedad moderna en términos próximos a las normas clásicas, pero que no intentan recrear el contexto socio-religioso en el que funcionaban. Tres de sus obras tempranas ejemplifican este aspecto: *El Mayor General hablará de Teogonía* (1957), *Medea en el espejo* (1959), y *La noche de los asesinos* (1964).

El Mayor General hablará de Teogonía, obra de un solo acto y con claras resonancias cristianas, revela la presencia de ciertos elementos de la tragedia griega clásica en la dramaturgia de Triana. La prueba más inmediata de esto la constituye la inclusión en el título de *teogonía*, término griego que designa el relato de la genealogía de sus dioses. Por su papel de "portavoz de la casa" se supone que el Mayor General también posee cierto carácter divino y, de hecho, así lo perciben los otros personajes de la obra, los tres rebeldes incipientes que habitan en su domicilio.

Temáticamente, la cuestión del odio mutuo, la culpabilidad y el temor en la familia es el eje de muchas tragedias griegas, como lo es de esta obra de José Triana. En ella, las hermanas Elisiria y Petronila, tanto como el marido de la última, Higinio, viven en casa de un mayor general, carente de nombre y raras veces visto, que es percibido por el trío como alguien que gobierna sus vidas tan despóticamente como un dios antiguo. Elisiria e Higinio le consideran culpable del accidente que provocó el aborto de Petronila. Pero esta acusación, lo que en realidad encubre es la culpabilidad de esta pareja que, siendo amantes secretos, deseaban la muerte de la esposa y fueron parte activa en el accidente, o que, al menos, se sienten culpables.

Los tres, a la vez coro y protagonistas, se convierten en conspiradores en una conjura contra el individuo que han denominado el opresor, y en la cual Petronila acabará oponiéndose, en último término, al proyectado "deicidio." Sin embargo, cuando aparece el Mayor General, los tres caen de rodillas con temor reverencial. Los propósitos de Elisiria y de Higinio se evaporan ante la figura totémica que han erigido en su imaginación, y la actitud de superioridad del Mayor General no contribuye a disipar su miedo.

La falta de voluntad de los protagonistas a la hora de actuar resulta del darse cuenta que el asesinato del padre-caudillo-divinidad que el Mayor General parece representar, no va a modificar ni su Destino colectivo ni su Destino individual. Como en la tragedia griega, todos están sujetos al concepto de *moira*. Pero a diferencia del modelo clásico, no se trata en este caso de una experiencia edificante, antes bien, los tres acaban convirtiéndose en tres marionetas, de acuerdo con el calificativo que el Mayor General les aplica. En lugar de una potenciación de sus cualidades humanas a partir del reconocimiento de su verdadera condición, se produce la deshumanización de su esencia al aceptar una existencia de marionetas.

Se puede decir, por tanto, que en esta fase de su dramaturgia, los modelos clásicos sólo le sirven a Triana de punto de contacto. En *El Mayor General hablará de Teogonía*, el dramaturgo se ha acercado ligeramente a algunos aspectos de la tragedia griega, pero no los ha puesto en práctica en toda su extensión. Sin embargo, poco después de esta obra, el dramaturgo se comprometió seriamente con la tragedia en una obra más amplia, *Medea en el espejo* (1959). Es ésta la que mejor ejemplifica la fórmula trágica en la primera época de la dramaturgia de Triana. Su título no sólo se apropia del nombre de la protagonista de la tragedia de Eurípides, *Medea* (representada por primera vez en Atenas en el año 431 a. C.), sino que también revela la técnica que Triana empleará en su propia obra: la inversión de la imagen como si de un espejo se tratara. De este modo, el elevado rango de Medea (dada su condición de consorte de Jasón bajo el reinado de Kreon en Corinto) se transforma en la vulgar situación de María en su papel de amante de Julián en el solar de La Habana gobernado por Perico Piedra Fina. Evidentemente, los principales personajes y elementos clásicos de la tragedia griega se encuentran metamorfoseados en la obra de Triana por medio de un proceso especular, que también el título de la obra hace suponer. Con frecuencia, el resultado es la deliberada ironía o la abierta burla de los personajes y de sus circunstancias.

Triana "refleja" a Eurípides en varios sentidos, tanto en la forma como en el contenido. En primer lugar, en *Medea* y *Medea en el espejo* hay nueve personajes (el noveno en la obra de Eurípides lo constituye el Coro, mientras que en la obra de Triana son cuatro diferentes individuos los que configuran el Coro); los papeles principales son equivalentes, a pesar de poseer nombres diferentes (Medea-María, Jason-Julián, Nurse-Erundina, Kreon-Perico Piedra Fina), pero los de los protagonistas comienzan con la misma letra y tienen el mismo número de sílabas. Las partes constitutivas de la tragedia (*Prologus, Parados, Epeisodios, Exodos*) pueden distinguirse aún cuando no se sigan rigurosamente; y hay una observancia de las problemáticas unidades de acción, lugar y tiempo en ambas obras.

El contenido también recibe un tratamiento similar por parte de los dos dramaturgos. La hostilidad que sufre Medea por ser forastera en Corinto, tal como se manifiesta en la decisión de Kreon de exiliarla y en el abandono de Jason al tomar una más aceptable novia indígena (la hija de Kreon), tiene su paralelo en la situación de la mulata María que en La Habana se enfrenta al desahucio de Perico Piedra Fina y al rechazo del rubio Julián que prefiere a una mujer blanca (la hija de Perico) como novia. La condición de extrañas de estas mujeres dentro de su entorno social es, por tanto, un tema común, que los dos autores consideran básico para comprender las trágicas formas de proceder de las protagonistas.

Común es también el modo en que Jason y Julián traicionan a las madres de sus hijos, ya que los dos se deciden por otras novias, las hijas de Kreon y de Perico Piedra, respectivamente. Tanto en la obra de Eurípides como en la de Triana, es este hecho, percibido como una traición por parte de Medea y de María, el que mueve a cada una de ellas hacia su precipitada actuación en el momento climático de cada obra. Las dos mujeres se sienten agraviadas por sus maridos, y las dos, Medea y María, consideran a Jason y a Julián los culpables últimos del asesinato de sus hijos, y explican la necesidad de hacerles daño dando muerte a sus vástagos. Dado que la unión entre padre e hijos no se percibe generalmente tan profundamente arraigada como la de la madre, es difícil entender la razón de esos asesinatos. Pero vistos desde otra perspectiva, el móvil de las declaraciones de Medea y de María se clarifica. El castigo que han impuesto no se dirige sólo hacia el individuo, sino a toda su casta, pasada y futura, puesto que con la muerte de los hijos de Jason y Julián desaparece su estirpe. La extinción del linaje de un hombre tenía enormes implicaciones en la época helénica, como la tiene todavía hoy en algunas sociedades patriarcales.

Es más fácil comprender que Medea asesine a sus hijos que el hecho de que lo haga María. En la prehistoria de *Medea* de Eurípides, la protagonista había ayudado a Jason en su búsqueda del Vellocino de Oro, salvando varias veces su vida mediante sus poderes de hechicera. La posterior violencia de Medea para con sus hijos se presagia cuando, perseguida por su padre mientras ella y Jason volvían al Argo, mató a su hermano, hizo su cuerpo pedazos y los arrojó al mar. Como su padre tenía que recuperar los restos para darle la apropiada sepultura que exigía la tradición, Medea y Jason ganaron el tiempo necesario para escapar. Este grotesco precedente prepara el camino para el infanticidio de Medea. Además, cuando se inicia la tragedia, la nodriza expresa en un soliloquio su temor de que Medea, debido a su estado de perturbación, le haga daño a sus hijos, a los que ni siquiera quiere ver ya que le recuerdan la traición de Jason y su propia inseguridad.

Pero no hay tal predisposición *per se* en María; no hay antecedentes de brujería, criminalidad o paranoia, sólo algunas leves alusiones a la consulta de videntes y cartas, tanto como a la purificación ritual, prácticas nada extrañas entre cubanos. Y así, a diferencia de Medea, los actos homicidas de María (el envenenamiento de Perico y de su hija, el asesinato de los hijos de Julián) carecen de un contexto externo donde enmarcarlos. Triana ha decidido que, en este caso, su espejo no nos dé una imagen clásica.

El uso del lenguaje popular es otro ejemplo de este modo especular de reproducción. En un famoso pasaje de *Las ranas* del gran dramaturgo cómico Aristófanes, la sombra de Eurípides ataca a la de Esquilo por haber escrito tragedias estáticas con un lenguaje difícil, a la vez que se jacta de su propia introducción de una forma de expresión popular. Como su antecesor griego, Triana prefiere el realismo antes que el tono majestuoso característico de Esquilo y hace que sus personajes hablen con el típico lenguaje de un solar de La Habana. No obstante, hay un momento en el que María y Erundina, ama y criada, se enfrentan una a otra; pero María, en vez de reconocer la validez del consejo de la vieja Erundina, actúa como si estuviera por encima de la comprensión de la vulgar voz de su vieja nodriza: "Hablamos idiomas distintos" (*Medea en el espejo*

16). La frase subraya, por supuesto, no sólo las diferencias de rango social, sino también, de forma más directa, los muy distintos modos de pensar y de sentir que separan a las dos mujeres.

La frase tiene asimismo especiales repercusiones en las antagónicas reacciones de Julián y del Coro frente al asesinato de sus hijos, cometido por María entre bastidores (siguiendo la tradición de la tragedia griega de no representar actos violentos ante el público). Julián, horrorizado por la perpetración de un crimen inconcebible en una madre, llora sus hijos muertos (como Jason en *Medea*) mientras que el Coro rodea a María con su furioso canto acusador: "Asesina, asesina, asesina, asesina" (*Medea en el espejo* 54). Con las manos ensangrentadas, María intenta huir de su cólera. Sigue una lucha a muerte en la que María vence al Coro, aunque de manera poco clara y alejada del modelo clásico. Bailando frenéticamente alrededor del Coro caído (la muerte de su conciencia), en un delirio que recuerda el de Agave en las *Bacchae* de Eurípides, María emite un grito salvaje: "Soy Dios 54." Estas palabras que cierran la obra muestran la diferencia que María percibe entre ella misma y el resto del mundo. El auto-ensalzamiento que supone el decir "Hablamos idiomas distintos" se va intensificando hasta llegar a su culminación en el último discurso. Triana no permite que entre en su obra el meritorio rescate personal que resultaba de la escena de reconocimiento en la tragedia griega y, por lo tanto, *Medea en el espejo* termina con las ilusas palabras de una mujer que, al quitar la vida, se ve a sí misma como Dios en su destructivo papel.

Mientras que la tragedia de Eurípides concluye con uno de sus típicos recursos *deus-ex-machina* (la salida de Medea por los aires en un carro tirado por dragones), cuando cae el telón en la obra de Triana, María permanece en el escenario en su aparente apoteosis. En *Medea*, el Coro no se sorprende por la salida, pero sí se asombra de los acontecimientos sangrientos que han tenido lugar. En la obra de Triana, el Coro se postra ambiguamente a los pies de María, después de su fracaso en la persecución de la asesina. ¿Podría ser que Triana estuviera insinuando que María, al igual que Medea antes que ella, tiene poderes mágicos? ¿Y que éstos le han servido por primera vez en la obra en el momento de mayor necesidad? ¿Es ésta la versión de Triana de la técnica *deus-ex-machina*?

Pero incluso si se contestan estas preguntas de forma negativa, el final de *Medea en el espejo* tiene fuertes paralelismos con el de *Medea*. Ni la protagonista clásica ni su réplica moderna han sufrido el merecido castigo a manos de los padres de los hijos asesinados, Jason y Julián habiendo sido vencidos por los nefandos actos de Medea y María respectivamente. Tampoco han caído estas mujeres en el oprobio de sus divinidades; y ni una ni otra ha mostrado arrepentimiento. En consecuencia, la pregunta sigue siendo: ¿Y que del castigo que sus actos reclaman? Las dos obras terminan sin ningún indicio de una futura justicia retributiva. En *Medea*, el Coro se extraña de la evasiva de Zeus al no hacer sufrir su ira a la protagonista, mientras que en *Medea en el espejo* el llanto final de María parece excluir cualquier castigo de Dios porque ella ha usurpado su lugar, convirtiéndose en la deidad que asesina a seres humanos y que está más allá de las normas de la justicia del mundo.

Sin embargo, las dos mujeres han pagado un precio por sus homicidios. No sólo se halla cada una de ellas al final completamente sola, sin el hombre que instigó y contra quien cometió su vil acto, sin el apoyo de parientes, amigos y vecinos, sino también, más significativamente, se queda sin hijos. Y lo peor es que las consecuencias de sus actos perduran para remorder la conciencia de las protagonistas, que se encuentran tan desposeídas como sólo una madre puede estarlo después de la pérdida de sus hijos. ¿Pero es este castigo suficiente? Eurípides y Triana parecen sugerir una respuesta afirmativa.

El compromiso con la fórmula trágica griega no se volverá a repetir con la misma intensidad en la primera fase de la dramaturgia de José Triana. Pero esto no significa el abandono total de la herencia clásica. Su reconocida obra maestra, *La noche de los asesinos*, innegable visión existencialista de la vida moderna, con resonancias de la crueldad de Artaud, el absurdo de Ionesco, y el humor negro de Beckett, contiene importantes elementos de la tragedia griega, aunque carezca de un paralelismo tan evidente como el de *Medea en el espejo* y *Medea*.

La obra dentro de la obra en *La noche de los asesinos* comienza con la breve oración de Lalo a Afrodita para "iluminar esta noche de vituperios" (144), y la técnica continúa de forma intermitente a lo largo de toda la obra. El odio psicopático de Lalo hacia su padre y su madre lleva a la constante, repetitiva y circular representación de los preparativos del asesinato de los padres. Con sus hermanas Cuca y Beba, que pasan del rechazo de la idea a un entusiasmo maníaco y de ahí a una actitud moderada, Lalo crea un guión para el parricidio en el cual los tres hermanos interpretan diferentes papeles, incluyendo los de los padres, testigos, policías, juez y fiscales. En esos papeles, Lalo, Cuca y Beba realizan la función del Coro, comentando las acciones, los sentimientos y los "actos" homicidas de los tres protagonistas.

Al igual que en una familia de cualquier tragedia griega, en esta obra de Triana el odio corrompe lo que debería ser la relación más cálida. Las razones últimas de las actuaciones de los personajes quedan en la oscuridad. Los hermanos se desprecian mutuamente, del mismo modo que desprecian a sus padres. Aunque el asesinato de los progenitores no tiene lugar, la repetición de la representación de sus "efectos" crea la posibilidad de que el parricidio se lleve a cabo, de hecho, en algún momento. Como en la tragedia griega, se percibe un constante sentido de fatalismo a lo largo de toda la obra al convertirse las semillas del asesinato en flores potencialmente mortales, según la realidad y la ficción se aproximan cada vez más en el proceso cíclico. Los personajes parecen destinados a repetir la representación del crimen, quizá hasta que la actuación mortal llegue a su cumplimiento en algún lugar, entre bastidores a lo trágico, por supuesto. Pero no hay garantía de que los protagonistas se vayan a librar de su "demonio" personal, y de ahí que, más que a actuar, parezcan estar condenados a representar. Es otra dimensión del método especular a la que recurre Triana: mientras que la acción constituía el motor de la trama en la tragedia griega, es el mimetismo de la acción lo que domina, lo que se convierte en la trama misma en *La noche de los asesinos*.

Las tres obras enjuiciadas en este breve estudio sobre la primera etapa de la dramaturgia de José Triana muestran los distintos niveles de influencia recibida de la tragedia ateniense. No todas las dimensiones del género están presentes en las obras consideradas aquí, porque el autor ha decidido reflejar ciertos aspectos de los modelos griegos, no copiarlos en su totalidad. Esto es un acierto dado que en la sociedad moderna no operan los mismos factores sociológicos, religiosos y culturales de la existencia humana que en la de Esquilo, Sófocles y Eurípides.

Así pues, aunque existe un ritual en las obras de Triana, falta el contexto que dio lugar al nacimiento de la *tragoidia* y que la hizo tan importante en la vida de la Grecia del siglo V a. C. El ritual en la Cuba de Triana es cristiano en su orientación, pero a la fe en la que se funda le falta el carácter absoluto que caracterizó a la de la sociedad antigua. Del mismo modo, aunque el destino es un ingrediente en las obras del dramaturgo cubano, no es el elemento determinante que gobierna la existencia de hombres y dioses en el sentido expresado por los términos *moira* y *heimarmene* en la Grecia helénica. En una sociedad como la cubana, el sincretismo de la cultura europea occidental y la tradición africana ha dado lugar a valores muy diferentes de los de Grecia.

Por otra parte, frente a sus modelos griegos, no hay en estas obras intervención de divinidades—ni santos católicos ni orishas africanos—en los asuntos humanos. Algunas alusiones dispersas a vaticinios, despojos, y otras prácticas ocultas semejantes sólo son menciones insignificantes en *Medea en el espejo*, y no implican influencia divina en las vidas aquí retratadas; mientras que en *La noche de los asesinos*, incluso tales menciones faltan. Sólo el Mayor General parece cumplir el papel de la divinidad, pero a partir del momento en que baja las escaleras se pone de manifiesto que, de acuerdo con las normas que rigen en el mundo de abajo, él no es más que un propietario absentista que desdeña a sus inquilinos y les deja zambullirse en su propio cenagal.

Otro aspecto diferenciador lo constituye la utilización del Coro al abandonar la armonía típica de la tragedia griega a favor de la personificación de sus miembros, algunos de los cuales actúan de forma independiente. También recibe menos énfasis en estas obras la idea de *hamartia* del héroe o heroína clásicos (generalmente *hubris*) porque, a diferencia de las figuras trágicas, los personajes de Triana no avanzan hacia la *anagnórisis*, esto es, no llegan a reconocer ellos mismos cuál es su trágico defecto. No hay duda de la dificultad de identificar a los protagonistas de Triana con el héroe y la heroína del molde clásico; más bien, son personajes de humilde condición social enfrentados a un dilema existencial personal, cuyo resultado no afecta a la sociedad en su totalidad, a diferencia de las acciones de los linajudos Edipo o Agave.

Al faltar estas características, las obras de Triana no provocan la misma respuesta que las tragedias griegas. La *katarsis* que Aristóteles vio como el gran beneficio que los autores trágicos hacían al espectador, no se cumple en estas obras. Pero, por otra parte, no se pretende que ocurra, ya que si el dramaturgo hubiera buscado dicho objetivo, habría empleado los elementos mismos a que ha renunciado. Triana tampoco desea finales positivos, edificantes para sus obras; escribe para colocar un espejo ante un fragmento de vida cubana actual, pero no la de los gobernantes de la isla ni la de los héroes del pasado, sino la de la gente ordinaria de los solares (*Medea en el espejo*) o la de una clase media psicológicamente oprimida (*El Mayor General hablará de Teogonía* y *La noche de los asesinos*). En las tres obras, mediante dramáticas inversiones de las circunstancias, refleja las esperanzas y los temores de los sueños existenciales, de las visiones y las pesadillas de sus personajes. Se trata de un *ethos* tan serio como el plasmado por cualquiera de los autores trágicos clásicos, pero Triana opta por reflejar la condición humana de la sociedad que él mejor conoce antes que resucitar el concepto de *agon* de una cultura muerta hace mucho tiempo.

OBRAS CONSULTADAS

Triana, José. *Medea en el espejo. El parque de la Fraternidad.* La Habana: Ediciones Unión/Teatro, 1962. 9-54.

_____. *El Mayor General hablará de Teogonía. El parque de la Fraternidad.* 57-89.

_____. *La noche de los asesinos. 9 dramaturgos hispanoamericanos. Antología del teatro hispanoamericano del siglo XX.* Vol. I. Eds. Frank Dauster, Leon Lyday y George Woodyard. Ottawa: Girol Books, Inc., 1979. 137-201.

MEDEA EN EL ESPEJO: CORALIDAD Y POESÍA

PEDRO MANUEL BARREDA
University of Massachussetts/Amherst

Como el de Eurípides, el teatro de José Triana devela los demonios de la domesticidad: el íntimo miserabilismo de las alcobas; ambos sacan a relucir la brecha infranqueable y, por ello, trágica que fractura el infatigable deseo humano y la laberíntica estructura en la cual se le encierra—la familia. Según propia declaración a Abelardo Estorino, para nuestro dramaturgo "es cosa vital, destruir los fantasmas, los mitos de las relaciones familiares . . . que tanto persiguen al hombre diariamente . . . desde hace milenios" (9). Operación demitificadora que, según el mismo Triana, tiene por objeto aclarar a ese hombre y ponerlo activo, real, en función a los demás y, aun, a ese mismo mundo familiar que lo constriñe. Así, como el de Eurípides, el teatro de José Triana es un acto escandaloso que sin triquiñuelas consoladoras sólo nos entrega, por fortuna, el lúcido espejo de nuestras pasiones y el ejercicio de su propia crítica. En breve, es una dramaturgia que se inserta en una línea de pensamiento ni reconciliado ni edificante o, para emplear una expresión a la moda, posmoderno.[1]

Pertenece José Triana a la cuarta generación republicana, la que, como sabemos, gesta su obra bajo el aparato represivo de una creciente estalinización política y, al mismo tiempo, en la que cuaja un nuevo modo de pensar, eminentemente transgresivo, que desarticula las sistematizaciones globalizantes de cualquier totalitarismo ideológico.[2] En una palabra, es la generación que asimila y prolifera el pensamiento, ya de suyo deconstructivo, de José Lezama Lima y Virgilio Piñera, cuestionando los saberes rotundos, las respuestas absolutas y el eurocentrista proyecto colonial de la época moderna. Es la generación que pone en tela de juicio la visión tele y teológica de la historia y, de ese modo, la misma idea de progreso que de ella se deriva. Es, en suma, la generación de lo plural y de la desacralización irreverente de los principios más caros a retóricos y románticos; en particular la idea de creación original, la noción de texto dado a luz por un yo único y exquisito con el cual un lector, también de la misma calaña, dialoga en trance. Ni en Reinaldo Arenas, ni en Severo Sarduy, ni en José Triana que son, para mí, los logros más característicos de esta generación, jamás se escamotea la actividad intertextual que supone toda escritura; tampoco, la transubjetividad de la que deriva. De ahí las dos constantes que se observan en el teatro de José Triana: temáticamente, la voluntad de investigar en los tabúes y desmantelar las pretensiones de legitimización que asumen los discursos de la legalidad; formalmente, la búsqueda de un sistema dramático que haga posible la tragedia en un escenario contemporáneo. Por ello, el empleo que hace de los temas y de los principios estéticos del drama trágico griego.

Como ya he mencionado en un trabajo anterior, la literatura teatral contemporánea en Cuba se ha caracterizado por la búsqueda de dramaturgias con que oponerse, de modo válido y atractivo, al teatro comercial, burgués y tranquilizante, que ha dominado la mayoría de nuestros escenarios (118). Precisamente en las leyendas mitológicas reelaboradas por los trágicos griegos, y en la misma estructura dramática de sus piezas, los dramaturgos cubanos han encontrado, como en general ha sido señalado por los profesores Kitto (30) y Aylen (190-91), la liberación de las constricciones impuestas por la dramaturgia ilusionista decimonona. Es decir, como sus congéneres y contemporáneos, se han aprovechado del sistema estético de la escena griega para, sin caer en la trampa de un falso clasicismo trasnochado, rebasar la estrechez naturalista y devolver al espectáculo teatral su carácter de celebración y rito comunitario. En el caso particular de José Triana, esto se lleva a cabo por la restauración del coro clásico y los poderes fundamentales que a éste le son devueltos por el dramaturgo en dos piezas muy representativas de su universo dramático: *Medea en el espejo* (1960) y *La muerte del Ñeque* (1964), ambas representación y crítica de la irracional violencia del discurso patriarcal cubano: de nuestra *hybris* y fallo trágico.[3] Por razón de espacio, el análisis sólo se referirá a la primera; creemos, sin embargo, que sus resultados pueden ser aplicados a las dos obras en cuestión.

Medea en el espejo es reescritura y adaptación al medio cubano de la historia del famoso personaje mítico y su reelaboración dramática por Eurípides. En la versión de Triana, sin embargo, María (Medea) "es la fuerza que puede levantar el fuego de la sangre" y, de este modo, la figura antitética del orden del discurso falologocéntrico representado por Perico Piedra Fina (Creón) y Julián (Jasón), concubino de la heroína. El móvil, pues, que conduce a esta Medea criolla a dar muerte a sus propios hijos es, más bien, piadoso: evitar que las criaturas devengan, con el correr de los años, émulos de su padre o del flamante suegro de éste. María posee, y revela, perfecta consciencia de articular un discurso no sólo marginalizado, sino también, suprimido, pues pone en tela de juicio el orden simbólico del sistema patriarcal.⁴ Por lo tanto, la antítesis de la heroína es el dicho Perico Piedra Fina, exponente del poder de tal orden y de la productividad de su razón pragmática. Variante cubanísima del rey de Corinto, Perico ha elegido como aprendiz, y posible sucesor, a Julián, el Jasón de inquilinato que ha abandonado el lecho de su mulata Medea. Perico, como representante de ese orden patriarcal y su trágica ironía, cree "saber hasta dónde el jején puso el huevo" (43) y en esto radica su *hybris*. Por lo tanto, el conflicto trágico que se plantea en la Medea de Triana es la pugna a muerte entre la fuerza de lo imaginario, lo irracional y lo poético, de una parte, y el constreñimiento del orden de la legalidad simbólica, de otra. En el planteamiento de este conflicto, el coro desempeña una función crucial; del mismo modo, en *La muerte del Ñeque*.

Como ha sido indicado por Matías Montes Huidobro (329), Triana logra, con notable eficacia, hacer expresiva la masa coral de una cubanía interna en virtud de las sonoridades y ritmos que ejecutan sus miembros. En efecto, el coro de *Medea en el espejo* está integrado por cuatro tipos del folklore cubano (el Muchacho vendedor de billetes y periódicos, el Barbero, la Mujer de Antonio y el Bongosero), constituyendo la expresión de una comunidad y sus valores, al igual que las mujeres de Corinto en la *Medea* de Eurípides. Es decir, es un grupo homogéneo de actores y músicos que toma colectivamente la palabra para comentar la acción de la pieza a la cual está integrado de modo sustantivo. Los componentes del coro son, pues, fuerzas no individualizadas, representativas de los intereses morales, políticos y culturales de la comunidad a que pertenecen: desde tal punto de mira enjuician a la heroína. Pero, por otra parte, su presencia es uno de los elementos que confiere a la pieza de Triana su condición de espectacularidad teatral, de rito y celebración comunitaria. El coro de *Medea en el espejo* tiene, pues, diversas funciones y poderes.

Primero que nada, Triana ha logrado el ideal de la *choréia*; quiero significar, de la coralidad: la realización de una síntesis entre poesía, música y danza gestual; medios expresivos integrados, origen, como sabemos, del mismo espectáculo teatral de Occidente. Pues lo que define la *choréia*, según Roland Barthes, "es la igualdad absoluta de lenguajes que la componen: todos son, si podemos decirlo así, 'naturales,' en cuya interacción, como se ha dicho, se origina la tragedia."⁵ La *choréia* es, entonces, la integración de tres lenguajes básicos, tres medios de narrar una historia (la palabra, la danza-pantomima y la música), sin que ninguno esté subordinado a otro; sin que ninguno predomine en detrimento de los restantes. Este efecto, a que nuestro teatro moderno—incluso el lírico—, le es tan sumamente difícil de alcanzar, se logra en *Medea en el espejo* por diversos medios. Primero, por la misma composición del coro; a saber, el carácter y la función de sus miembros: el vendedor de periódicos, Mercurio mensajero criollo, con el pregón sonoro de su voceo; el Barbero, Atropo travestido, cortando el hilo de la vida de los mortales al repiqueteo de sus tijeras; la Mujer de Antonio, famosa por su calipigia y el compás que su andar evoca; y el Bongosero que marca, con la percusión caliente de sus cueros, el ritmo del recitado. Como se ve, voz, música, danza y ritmo, combinados con la palabra, la que todos los miembros del coro articulan por igual, la que jamás ninguno monopoliza. Ejemplos excelentes de la integración de esos tres lenguajes lo son la escena tercera del acto segundo (donde el coro musicaliza, gesticula la pantomima y verbaliza insistentemente la muerte de Perico Piedra Fina envenenado por María), y las escenas cuarta y quinta del acto tercero, en las cuales el coro anticipa, al unísono, con voz, gesto y canto, el infanticidio de esta Medea cubana.

Procedimiento relacionado con el logro de la *choréia* es la repetición de la última palabra de un enunciado coral al inicio del que le continúa. Esta adaptación del verso ecoico, ya señalada por Montes Huidobro, constituye una imitación del recitativo alternante del coro clásico, oscilando entre estrofa y antiestrofa, del cual una instancia excelente es la misma *Medea* de Eurípides con su oda coral en alabanza de las bondades de Atenas, por ser patria de las Musas. También se relaciona con el efecto de *choréia* la iteratividad que caracteriza los enunciados verbales del coro; es decir, la repetición, el procedimiento fundamental de todo texto lírico. Para ilustrar lo que decimos se pueden aducir, por ejemplo, el poema que ejecuta el coro al saber el abandono que ha sufrido María por parte de Julián en el primer acto, o, en el segundo, la repetición insistente de preguntas, que lleva a cabo cada uno de los miembros del coro, apuntando a la *hybris* y la ironía trágica de Perico Piedra Fina, desconocedor de la propia muerte que ingiere. También, por el tono o por el énfasis con que el coro repite los parlamentos de los protagonistas, estas repeticiones pueden connotar un significado totalmente opuesto al de sus enunciaciones originales, funcionando, entonces, como verdaderas prolepsis o anticipaciones dramáticas. Tal se evidencia al repetir el coro las órdenes del Creón criollo, causantes, éstas, del trágico destino del propio personaje.

Como señala Pavis, "en el siglo XIX, realista y naturalista, el empleo del coro decae para no afectar la verosimilitud... con la superación de la dramaturgia ilusionista, el coro surge nuevamente en la actualidad como medio de distanciación" (102). En otras palabras, uno de los poderes fundamentales del coro es su función estética desrealizante: de hecho es una técnica épica y distanciadora, ya que concretiza ante el espectador medio otro espectador, juez o comentarista de la acción, revestido de especiales saberes para enjuiciarla o explicarla. Es el "espectador idealizado" de que hablaba Schlegel que, sin embargo, en la pieza de Triana, por pertenecer al folklore cubano y por involucrarse en la acción misma, no rompe enteramente el efecto de verosimilitud. No obstante, el coro introduce un elemento de distanciamiento, hace resaltar la condición textual de lo que se representa y quiebra el impacto ilusionista y mimético, ejerciendo sobre el referente de la tragedia una función estilizadora. Así el coro de *Medea en el espejo* lleva a cabo la narración épica de acontecimientos y de los poderes de los protagonistas (relatos sobre Perico Piedra Fina y Julián en el primer acto), al mismo tiempo que introduce al primero como personaje teatral; es decir, máscara y figuración gestual (37). Esta función presentativa del coro le concede una dimensión metateatral, al subrayar la pura teatralidad del espectáculo que se representa, muy coherente con la totalidad de la obra (recordemos: María se dispone a representar, y de ello tiene consciencia, desde el parlamento inicial del primer acto) y con la estética posmoderna que preside su composición.

El coro posee, también, un poder de dilatación semántica y se corresponde con el pensamiento profundo del autor implícito de la obra, bien mediante asertos explícitos, bien mediante la contradicción irónica. El coro se eleva, de esta manera, sobre la acción "trivial" de los personajes, asegurando el paso de lo particular a lo general, y realizando un ensanche a una significación más plena que lo representado meramente en la escena inmediata. Por ejemplo, en el acto tercero, al expresar el coro los valores de la sociedad burguesa cubana con su sentido de productividad y de competencia económica, rompiendo el sentimiento previo de simpatía que experimentara hacia María-Medea, está revelando, mediante la contradicción irónica, el pensamiento del autor implícito, que celebra, precisamente, lo contrario: los aspectos libres e irracionales de la condición humana personificados por la heroína de la pieza.

No obstante, el coro tiene un poder de crítica e impugnación de esos mismos valores sociales y culturales: de la estructura tradicional de la sociedad cubana y del discurso patriarcal que pretende legitimizarla. Así la impugnación del poder de ese patriarcado cubano la lleva a cabo el Barbero (27) como el señalamiento de los prejuicios raciales y la inferioridad social que imponen, se hace por boca de la Mujer de Antonio. De este modo el personaje queda demitificado de la imagen pintoresca, asumiendo un papel esencialmente histórico: es decir, de transformación social. Los integrantes del coro dejan de ser mitos populares, meros entes fijos y distantes, para convertirse en figuras modificadoras y modificables; fuerzas sociales, a veces abstractas, que operan cambios en el sistema al que pertenecen. En breve, son mitos populares, tipos, pero historizados en una situación histórica concreta. De este modo constituyen la expresión de los deseos y valores de la comunidad a la que pertenecen. La mejor ilustración de esta capacidad del coro lo es la relación antagónica que guardan sus miembros con Perico Piedra Fina, considerado por éstos como el extorsionista y el tirano omnínodo del solar y de nuestra historia; en otras palabras, la representación del patriarca y el alarde de su poder irracional. Sin embargo, este coro, si bien impugna la figura del patriarca Perico, asume, irónicamente, los valores o, mejor, la proposición, que la sustenta y de la cual aquél es la representación máxima; quiero decir, la estructura doméstica tradicional, la invariabilidad de sus roles genéricos y el principio de productividad y de lucha por la vida. Por lo tanto, el coro no puede entender a nuestra Medea criolla, determinada, aun por la muerte, a ahorrarles a sus criaturas tal destino y sufrimiento horribles. Habiendo interiorizado lo más profundo del discurso patriarcal, la conminan a cumplir con sus funciones ancestrales de Madre:

Mujer:	Sacrifícate.
Barbero:	Críalos como una leona a sus cachorros.
Muchacho:	Ponlos luego a luchar entre los hombres.
Bongosero:	Así hacen todos los padres desde que el mundo es mundo. (52)

A lo cual, desde luego, María se niega.

De tal manera el coro, a pesar de la crítica económica y social que expresa, es la articulación de esa legalidad doméstica que presume y pretende ser naturaleza, orden y sintaxis incapaz de comprender la libertad y el deseo de lo imaginario. De nuevo, en la Medea de José Triana, se observa ese rejuego dialéctico íncito en la tragedia clásica: los límites de lo razonable, lo apolíneo, en encontrada pugna con el éxtasis de la pasión y de la entrega dionisíacas; lo mensurable de su apetencia que el coro ejecuta placentero, en contraposición a la explosión orgásmica, inarticulable de hecho, que la heroína representa.

La masa coral no sólo comenta la acción; está, como se ve, integrada a la trama mediante los diversos lenguajes que ejecuta. De hecho, lleva a cabo la exposición del conflicto trágico en el acto primero, dramatiza la intrascendencia y precariedad de la condición humana al presenciar la muerte de Perico Piedra Fina y conmina, como se ha señalado, a la heroína a no poner en práctica sus sangrientes planes. Y es aquí, precisamente en esta conminación, donde el coro asume una función característica de la estética posmoderna: es el encargado de sacar a relucir la condición de reescritura que supone esta pieza y cualquier texto literario. El parlamento del coro se convierte en el aparato autocrítico de la obra, el que nos advierte de su verdadera condición, en virtud de la repetición arquetípica de los destinos. Es el que saca a relucir el carácter reiterativo de la historia, cancelando la idea de progreso y de educabilidad del ser humano. Este pasaje del coro es una verdadera *mise en abîme* dramática,[6] resumen especular del propio texto, que apunta a la trama de la obra representada, al mito que reelabora, y a la relación que guardan ambos entre sí y con la existencia humana. Eurípides, invocado por Triana en este momento, lo ilumina; pero, ¿por qué no decirlo? Triana también ilumina a Eurípides: ambos iluminando el constreñimiento miserabilista de nuestra existencia. La Mujer de Antonio, melodramáticamente ridícula, con el tono solemne del chisme, apostrofa a María:

> Mujer: (Melodramática.) Detente. (En tono solemne.) No repitas la historia de Cuca Miraflores, la querida del Coronel Pancho Pujilato... (En tono de chisme.) Antonio me ha contado, que esa pobre mujer... hace muchos, pero muchísimos años y parece que fuera hoy... después de darle fuego a la casa con sus dos hijos dormidos, salió corriendo y se tiró al mar. (52)

La escena final de la pieza es, entonces, la recitación de los improperios con que el coro insulta a nuestra María, acusándola de asesina de sus propios hijos y la lucha a muerte que se entabla entre esta mulata versión cubana de Medea y los integrantes del coro, a los cuales María logra vencer, reafirmándose el poderío de la fuerza creativa de lo irracional e imaginario que, en el cosmos, María representa. La victoria de María-Medea es sobre la arbitraria violencia del orden simbólico de la razón patriarcal encarnada en Perico Piedra Fina y el mito de los domesticados sentimientos de la domesticidad, a los que el coro presta voz, canto, gesto y ritmo.

En *Medea en el espejo* de José Triana, como en *La muerte del Ñeque* (a la cual no nos hemos podido referir por falta de espacio), el coro es la expresión de la sociedad cubana por el carácter de sus integrantes y por los valores que éstos expresan, hallándose integrado sustantivamente a la acción de la pieza. Como se ha observado, manifiesta tres poderes básicos: fuerza crítica de impugnación y enjuiciamiento;

comentario profundo y dilatación semántica de lo que en la escena se representa; y, finalmente, función estética desrealizante y distanciadora. Se constituye, por ello, en uno de los procedimientos espectaculares de la poética dramática de Triana decisivos para romper con la solemnidad burguesa de la escena decimonona, restituyendo a la representación su dimensión de fiesta ritual comunitaria que se halla en el origen mismo de la tragedia griega. El coro en Triana, de esta manera, posee ese carácter fundamentalmente ambiguo que también detenta en el teatro griego: por una parte, fuerza catártica y cúltica; pero, por otra, un poder de distanciamiento crítico. Mas, en el caso de José Triana, es coro que se sabe coro, como ya María-Medea se sabe personaje: representación y máscara sin detrás, debe ponerse a la altura de las circunstancias. En breve, este coro es reescritura autoconsciente, irónica y crítica, función estética de la sensibilidad posmoderna de la cual la obra de José Triana forma parte principalísima.

NOTAS

1. La bibliografía sobre la posmodernidad es ya sustancial. Sobre sus conceptualizaciones filosóficas pueden consultarse Hal Foster (ed.), *La posmodernidad*; Michel Foucault, *Las palabras y las cosas*; Jean-François Lyotard, *La condición posmoderna*; Josep Picó (ed.), *Modernidad y posmodernidad*; Gianni Vattimo, *El fin de la modernidad*. Sobre poéticas de la posmodernidad pueden consultarse Eduardo Béjar, *La textualidad de Reinaldo Arenas: juegos de la escritura posmoderna*; Linda Hutcheon, *A Poetics of Postmodernism*; Brian McHale, *Postmodernist Fiction*; Ion Omesco, *La métamorphose de la tragédie*; Patricia Waugh, *Metafiction*.
2. Seguimos el esquema generacional establecido por Raimundo Lazo en *La teoría de las generaciones y su aplicación al estudio histórico de la literatura cubana*. La caracterización de los factores generacionales que conforman la promoción de Triana es nuestra.
3. Sobre el orden patriarcal ("machismo") de la sociedad cubana consultar el trabajo de Ileana Fuentes-Pérez.
4. José Triana, *Medea en el espejo*, 18 y 25.
5. "Le théâtre grec." Citado por Pavis, 101.
6. Para el concepto de *mise en abîme* consultar la obra de Lucien Dällenbach.

OBRAS CONSULTADAS

Aylen, Leo. *Greek Tragedy and the Modern World*. London: Methuen, 1964.
Barreda, Pedro. "La tragedia griega y su historización en Cuba: *Electra Garrigó* de Virgilio Piñera." *Escritura* 10 (1985): 117-26.
Béjar, Eduardo. *La textualidad de Reinaldo Arenas: juegos de la escritura posmoderna*. Madrid: Playor, 1987.
Dällenbach, Lucien. *Le récit spéculaire*. Paris: Editions du Seuil, 1977.
Estorino, Abelardo. "Destruir los fantasmas, los mitos de las relaciones familiares. Entrevista a Revueltas y a Triana." *Conjunto* 4 (1967): 6-14.
Foster, Hal, ed. *La posmodernidad*. Barcelona: Kairos, 1986.
Foucault, Michel. *Las palabras y las cosas*. Barcelona: Planeta-Agostini, 1984.
Fuentes Pérez, Ileana. "La erradicación del machismo en la vida cubana." *Linden Lane Magazine* 8.4 (1989): 14-15.
Hutcheon, Linda. *A Poetics of Postmodernism*. London: Routledge, 1988.
Kitto, H.D.F. *Greek Tragedy*. London: Methuen, 1970.
Lazo, Raimundo. *La teoría de las generaciones y su aplicación al estudio histórico de la literatura cubana*. La Habana: Academia Nacional de Artes y Letras, 1954.
Lyotard, Jean-François. *La condición posmoderna*. Madrid: Cátedra, 1986.
McHale, Brian. *Postmodernist Fiction*. London: Methuen, 1987.
Montes Huidobro, Matías. *Persona, vida y máscara en el teatro cubano*. Miami: Ediciones Universal, 1973.
Omesco, Ion. *La métamorphose de la tragédie*. Paris: Presses Universitaires de France, 1978.
Pavis, Patrice. *Diccionario del teatro*. Barcelona: Ediciones Paidós, 1984.
Picó, Josep, ed. *Modernidad y posmodernidad*. Madrid: Alianza Editorial: 1988.
Triana, José. *Medea en el espejo. El parque de la Fraternidad*. La Habana: Unión, 1962.
Vattino, Gianni. *El fin de la modernidad*. Barcelona: Gedisa, 1987.
Waugh, Patricia. *Metafiction*. London: Methuen, 1984.

ELEMENTOS DE LA CULTURA AFROCUBANA EN EL TEATRO DE JOSÉ TRIANA

JOSÉ A. ESCARPANTER
Auburn University

La mayoría de la crítica sobre la dramaturgia de José Triana se ha concentrado en el examen de su pieza más conocida, *La noche de los asesinos* (1965). Pero aun aquellos críticos que han llevado a cabo estudios de todo su teatro (Frank Dauster y Román V. de la Campa) no han tratado con detenimiento un aspecto muy importante en la obra de este autor, con la excepción de Matías Montes Huidobro en *Persona, vida y máscara en el teatro cubano*. Se trata de la presencia de los múltiples elementos de la cultura afrocubana que integran buena parte de la producción anterior y posterior a *La noche de los asesinos*.
    Si se revisa la bibliografía del autor, se advierte que de las ocho obras en mano de los investigadores de su teatro, a saber, *El Mayor General hablará de Teogonía* (1960), *Medea en el espejo* (1960), *El parque de la Fraternidad* (1962), *La muerte del Ñeque* (1963), *La noche de los asesinos* (1965), "Revolico en el Campo de Marte" (1971), *Ceremonial de guerra* (1973) y *Palabras comunes* (1986), cinco de ellas presentan elementos afrocubanos.[1] Estas piezas responden a momentos diferentes de su labor creadora, desde la inicial *Medea en el espejo* hasta una de las más recientes, *Ceremonial de guerra*. Esta persistencia demuestra el interés y la fidelidad del autor a este aspecto.
    Es oportuno destacar que las tres obras en que estos factores no aparecen—*El Mayor General hablará de Teogonía, La noche de los asesinos* y *Palabras comunes*—se desarrollan en sitios cerrados acordes con los temas de aislamiento y represión que tratan. Por el contrario, las cinco obras con ingredientes afrocubanos tienen lugar en espacios abiertos donde se da la confluencia de elementos raciales diversos.
    Medea en el espejo, de estas piezas la primera que se estrenó, presenta casi todos los componentes afrocubanos que Triana utilizará con diferentes matices en su teatro posterior. Toma un asunto mítico que, aunque procedente de la cultura helénica, lo elabora dentro de las coordenadas de las creencias africanas transculturadas a la isla. El título de la obra ya anuncia este rasgo, pues alude a la leyenda griega, aunque la

protagonista se llame María, y al espejo, el cual, según Fernando Ortiz, en algunas religiones afrocubanas es un objeto empleado "para averiguar el paradero de una persona ausente" (*Los negros brujos* 113). Y María consulta su espejo para indagar primero dónde se encuentra su amante Julián y más tarde, para encontrarse a sí misma y actuar en consecuencia.

En el plano religioso afrocubano en que Triana sitúa la acción se da el fenómeno usual de la contaminación de las creencias afrocubanas, predominantemente yorubas, con las teorías espiritistas, muy difundidas en la isla, pero no así con la religión católica, que como se sabe produjo en la realidad cubana un interesante sincretismo religioso. En la segunda versión, se incluyen en el tercer acto unas escenas con dos figuras que se mencionan en la versión estrenada, los negros Madame Pitonisa y el doctor Mandinga. Estos ejecutan un ceremonial que se relaciona más con la magia negra practicada por la Regla de Mayombe o de Palo de Monte o Kimbisa, extendida por la región oriental cubana entre los descendientes de los bantúes del Congo y de Angola, que con los ritos de origen yoruba, inscritos en la magia blanca, prevalecientes en la zona occidental donde ocurre la acción. Esta mezcla de elementos religiosos afrocubanos funciona como eje fundamental del texto, pues sin su presencia sería imposible situar la trama en el plano poético que alcanza, al margen por completo de las convenciones del realismo escénico; quedaría sin explicación la decisión final de la protagonista y no se justificarían muchos procedimientos que se insertan en la trama.

Como se sabe, las religiones afrocubanas son, a diferencia de las cristianas, politeístas, con dioses que aparecen asociados a las fuerzas de la naturaleza y responden a un concepto animista muy evolucionado. Los seres humanos viven sometidos al imperio de estas deidades, que pueden decretar la felicidad o la desgracia de los hombres movidas por las rogativas y los sacrificios que reciben de los mortales. De ahí que sea muy esencial la celebración de ceremonias para impetrar el favor de los dioses, en las que se sigue un ritual muy estricto, apoyado en elementos de la naturaleza, como plantas y animales, dotados de poderes especiales, tal como ha explicado Lydia Cabrera en *El monte*.

En estas religiones, por tanto, se cree que existe una realidad que trasciende lo puramente objetivo y palpable. Los dioses, las maldiciones y los bilongos (hechizos), las hierbas y los árboles, los animales y los conjuros poseen unas facultades que escapan a la simple observación humana y al pensamiento lógico y racional. Como afirma Montes Huidobro en el libro citado: "Nos encontramos así con un fuerte elemento mágico de primera mano" (43). Ese factor mágico cargado de irracionalismo es fundamental en *Medea en el espejo*.

Triana incorpora también a su texto las mencionadas manifestaciones rituales, en las que se combinan la música, el canto, la poesía y la danza, elementos todos que le dan una gran eficacia escénica a la pieza. Estos cuatro factores a veces funcionan aisladamente, pero a menudo se dan al unísono. La música se compone de pocos instrumentos en los que sobresalen los de origen africano, como el bongó, y, por supuesto, en sus formas predominan las afrocubanas, como el son. Cuando la música aparece sola matiza una escena significativa, como en el momento del acto primero en que ante las súplicas de María, la señorita Amparo comienza a relatar los chismes que circulan por el vecindario sobre el alejamiento de Julián.

Casi siempre los cuatro elementos se dan vinculados con el coro que participa en la acción, el cual tiene un excelente poder rítmico, como ha destacado Montes Huidobro: "El diálogo es un modelo de construcción rítmica . . . Lo más interesante es observar cómo Triana juega con las palabras, tomando un elemento de un bocadillo y llevándolo al siguiente" (334); por ejemplo:

> *Muchacho.* El Mundo. Bohemia, Carteles. El Mundo.
> *Bongosero.* El mundo es un círculo de sangre.
> *Mujer.* Sangre, sangre, sangre, siempre sangre. Muerte.
> *Bongosero.* Muerte, no. La muerte se parece al fantasma de un chino.
> *Barbero.* ¿Un chino?
> *Bongosero.* Sí, un chino. (29)

En el orden poético, Triana retoma las técnicas desarrolladas por la poesía afrocubana de los años treinta y cuarenta; así utiliza las anáforas, las repeticiones y un esquema rítmico muy marcado, como puede apreciarse en los siguientes pasajes a cargo del coro: "Que se muera que se muera/ que le echen tierra/ que lo tapen bien" (38, del acto segundo) y en este otro del acto tercero:

> Sangré sangré sangré sangré
> no te hundas en la sangre
> sangré sangré sangré sangré
> no te hundas en la sangre
> sangré sangré sangré sangré
> ay sangre ay perdición. (53)

La danza en algunas escenas constituye un lenguaje por sí misma que sustituye o enriquece el tradicional de la palabra en el género dramático.

Como se anticipó al comienzo de este trabajo, *Medea en el espejo* se desarrolla en un espacio abierto, el patio de un solar habanero, y la historia ocurre entre personajes que responden a las principales gamas raciales existentes en Cuba: los blancos, los mulatos y los negros, con referencias al otro sector importante, los asiáticos, aludidos bajo la denominación general de chinos. Todos ellos—entre los cuales, la mujer de Antonio está extraída de un son muy popular de Miguel Matamoros en los años treinta—corresponden a planos bajos de la pirámide social, pertenecen a una especie de submundo, que, sin embargo, refleja la vida nacional. De estos grupos, los blancos, representados por Julián, el amante de María, y Perico Piedra Fina, el cacique local, constituyen la casta dominante y funcionan como el elemento que desencadena la acción. Los afrocubanos—los mulatos y los negros—son víctimas de la arbitrariedad de los blancos que detentan el poder, pero la reacción de ellos no se encamina por los rumbos de la lucha social, sino por los de la venganza apoyada en sus creencias religiosas. Aunque de vez en cuando surge una referencia directa a los desmanes de los blancos—"En este país tener el pellejo prieto es una desgracia" (27), afirma la mujer de Antonio—no se va más allá en el terreno de las reivindicaciones sociales y políticas.

La lengua que otorga Triana a sus personajes también evidencia la huella de la cultura afrocubana, aunque este apartado es mucho más difícil de precisar, pues el léxico de las distintas lenguas africanas que llegaron a la isla se incorporó al dialecto cubano desde el establecimiento de la trata de esclavos, como señala Ortiz (*Nuevo catauro de cubanismos* 21), pero se hace evidente en especial en muchos vocablos relacionados con el mundo religioso, como "bilongo." Según este antropólogo, "bilongo" pertenece a la lengua lucumí o yoruba.

En *El parque de la Fraternidad* el elemento afrocubano se da en dos planos, el concreto y el cultural. El primero está a cargo de uno de los tres personajes, La Negra, quien ataviada estrafalariamente, preside la acción desde su sitial sin entablar diálogos con los otros dos; mientras emite palabras en lenguas africanas, repite: "¡Santísimo!," y se arregla las ropas creando "una atmósfera misteriosa, de alucinación" (103). Las acotaciones la relacionan con un referente histórico, La Marquesa, mendiga negra como ella que deambulaba con peculiares atuendos por las calles habaneras en los años cincuenta. Los otros dos personajes, El Viejo y El Muchacho, comentan sobre La Negra, sin que en la obra se dé una interpretación definitiva de ella. El plano cultural se produce, curiosamente, no en el personaje negro, sino en El Muchacho, quien no se describe de ninguna raza, pero por el texto se desprende que es blanco. Frente a la historia realista narrada por El Viejo de que La Negra fue una famosa prostituta, El Muchacho ensaya una interpretación acorde con el pensamiento mágico afrocubano, pues a ratos la ve como la figura ridícula que el espectador percibe, pero en otros la contempla como dotada de una sorprendente grandeza: "Es fea, fea, fea, fea, muy fea, requetefea, la muy condenada. Mírela, mírela ahora. Luce como una reina. Mírela, mírela. O una Virgen" (100). El Muchacho acepta, pues, la posibilidad de las metamorfosis que abundan en los mitos africanos y más adelante se confirman sus creencias mágicas cuando recuerda el pueblo natal: "Un pueblo feo y triste, hasta más no poder, donde hay una laguna azul . . . (*Se extasía, la contempla*) Más que azul . . . que se traga a los fiñes que caen en ella" (105). Esta es una clara alusión a la leyenda del güije, motivo de "La balada de güije," famoso poema de Nicolás Guillén. Con estos dos detalles en boca de su personaje blanco, Triana defiende la total mulatez de la cultura cubana, pues los elementos africanos no se limitan a los descendientes de los esclavos, sino que han trascendido a los estratos blancos.

La muerte del Ñeque retoma los elementos afrocubanos que se advirtieron en *Medea en el espejo*. En el título hay una referencia explícita a la cultura afrocubana, pues "ñeque" es palabra yoruba que significa desgracia y se aplica también a quien es víctima de ella, según la exhaustiva explicación de Ortiz (*Nuevo catauro* 375-77). El título alude, pues, a la muerte de alguien caído en desgracia. En el orden de los personajes, aparece un coro compuesto por la trinidad racial cubana—un blanco, un mulato y un negro—que se expresa según los cánones de la lengua popular y tiene una importante función en el argumento. Las figuras centrales de la historia repiten la variedad racial: Hilario, el ñeque, es un mulato adelantado, es decir, bastante claro de piel, y su mujer, Blanca Estela, es blanca, como el amante de ella, Juvencio. De nuevo son los blancos quienes precipitan los acontecimientos, en este caso, la desgracia de Hilario, pero esta vez con la complicidad de todos los elementos raciales. Hilario no es una víctima inocente, como María en *Medea en el espejo*, sino un hombre odiado por todas las esferas raciales, ya que resume la descomposición, la inmoralidad y la violencia que caracterizaban a algunos sectores de la vida cubana anterior a la etapa revolucionaria.

En *La muerte del Ñeque* existe un mayor énfasis en estos aspectos de la realidad cubana que en *Medea en el espejo*, pero en el tono de la pieza se mantienen las coordenadas del mundo mágico de los afrocubanos. La acción transcurre teniendo como fondo los cantos del Orile, que en los ceremoniales afrocubanos se entonan para espantar a los malos espíritus e invocar a los buenos, y una sesión espiritista en casa de una vecina que no interviene directamente en la trama. De nuevo se da la contaminación de lo africano con lo espiritista, y aquí, además, se menciona a San Hilarión, quien es uno de los santos católicos que se han relacionado con orishas del panteón africano. La entrada de algunos personajes, como la primera aparición de Juvencio, se anuncia por un toque de bongó acompañado de maracas y claves, y el asesinato de Hilario a manos del coro se subraya por otro toque de esos instrumentos hasta culminar en el guaguancó que cierra la pieza, con un texto que sigue el estilo de la poesía afrocubana que se ha visto en *Medea en el espejo*:

> Yo no sé lo que pasó.
> Yo no sé, yo no fui.
> Yo no tengo la culpita.
> Yo no sé, yo no fui.
> Yo no fui, yo no sé.
> Yo no sé lo que pasó.
> Yo no sé, yo no fui.
> Yo no fui, yo no sé.
> Y ella se queda sola
> porque el pájaro voló. (128)

Por encima de las abundantes referencias políticas y sociales, todos estos elementos crean la atmósfera ritual que preside la venganza primitiva de Juvencio, apoyada por todos los que han padecido el abusivo poder de Hilario.

"Revolico en el Campo de Marte" constituye una parodia, en el sentido contemporáneo, de las comedias clásicas de capa y espada. En ella no se especifica la raza de los personajes, pero existe uno, el de Rosa, la anciana santera, que se supone que sea negro. Esta figura cumple con todas las funciones de una verdadera celestina criolla, pues además de preparar hechizos acordes con las creencias afrocubanas, sirve de correveidile en las relaciones de varias parejas. En sus reflexivas intervenciones combina las referencias mitológicas clásicas usuales en el teatro del Siglo de Oro, con alusiones a las hierbas con poderes mágicos en las religiones africanas. Al final de la pieza desaparece por los aires en una escoba como cualquier bruja europea; pero conducida por el muerto de Mamá Inés, otra figura de dominio popular, como la mujer de Antonio, perteneciente a un conocido tango congo de Eliseo Grenet incluido en la zarzuela *Niña Rita*. Además, como sucede en *El parque de la Fraternidad*, un personaje blanco, Marieta, quiere invocar a Changó y a Yemayá, orishas mayores de la religión yoruba, reafirmando la influencia de los credos africanos sobre los blancos del país.

Ceremonial de guerra tiene puntos de contacto con la tragedia *Filoctetes* de Sófocles. Su acción está ubicada en los años de la Guerra de Independencia. Texto de estilo realista, esta pieza cuenta con un personaje, El Vendedor Ambulante, cuya raza no se determina, y quien aparece en sólo dos ocasiones, al final de cada uno de los actos. Es en esta figura en la que se da la presencia afrocubana. En medio de la densidad de este significativo texto realista, El Vendedor Ambulante comenta que el monte está lleno de espíritus y se refiere a Olorum u Olodumare, el dios superior de los yorubas. El personaje, con su vestuario extravagante y su expresión absurdista, funciona en el plano de la acción como mensajero, pero, a la vez, da una acentuada nota de poesía e irracionalismo acorde con las religiones afrocubanas.

Como se ha ido comprobando en este trabajo, los elementos afrocubanos transitan por todo el teatro de Triana. Estos elementos abarcan tanto lo referente al pensamiento como a las expresiones rituales y al vocabulario. ¿Por qué Triana los emplea en su creación dramática? Estimo que su integración en la obra del autor cubano obedece a varias razones. En primer lugar, al interés de Triana por trasladar a la escena muchos aspectos de la realidad insular, interpretada ésta no sólo en sus escorzos objetivos, sino en su totalidad más abarcadora, incluyendo las expresiones más profundas del subconsciente colectivo. En segundo lugar, para enlazar su teatro con la única verdadera tradición escénica de la isla, es decir, el teatro bufo y su variante, la zarzuela cubana. Si se revisa *Medea en el espejo* a la luz de esta última corriente, la obra se manifiesta como una renovación del tema de la relación tormentosa de una mulata con un blanco que la traiciona, muy frecuente en el teatro lírico; recuérdense *Cecilia Valdés* de Cirilo Villaverde, musicalizada por Gonzalo Roig con texto de Sánchez Arcilla y Agustín Rodríguez, y *María la O* de Sánchez Galarraga con música de Ernesto Lecuona. Pero si sólo existieran estos dos motivos, el teatro de Triana aparecería como carente de un verdadero interés contemporáneo. Opino que el punto más importante en el manejo de lo afrocubano en Triana se encuentra relacionado con los postulados del teatro de la crueldad de Antonin Artaud, que, como todos sabemos, disfrutó de gran vigencia en la década de los sesenta. Usando los elementos afrocubanos, Triana logra en la escena insular la mayoría de las aspiraciones del teatrista francés; es decir, ofrecer al espectador un "tratamiento emotivo de choque" que lo libere, por el camino de lo irracional, del pensamiento discursivo y lógico para llevarlo a una experiencia estética y ética diferente a la que busca el teatro realista. La representación, con la incorporación de todos los ingredientes del mundo afrocubano adquiere una especie de sortilegio ritual en el que entran en juego todas las posibilidades del teatro al combinarse la poesía, la música, la danza, la expresión corporal y la luz en un empeño de teatro total que no es más que el regreso a las fuentes primigenias del teatro que proponía Artaud. Como hicieron en los años vanguardistas los pintores, los narradores y los poetas cubanos, Triana sitúa el teatro cubano a la altura de su tiempo acudiendo a elementos auténticos de la realidad insular.

NOTA

1. No se incluyen tres piezas del autor, "El incidente cotidiano" (1957), "La casa ardiendo" (1962) y "La visita del ángel" (1963), las cuales nunca ha publicado ni entregado a los críticos. Las dos últimas se estrenaron en La Habana en las fechas consignadas; pero es imposible consultarlas.

OBRAS CONSULTADAS

Artaud, Antonin. *El teatro y su doble*. Trad. Enrique Alonso y Francisco Abelenda. Buenos Aires: Sudamericana, 1964.
Cabrera, Lydia. *El monte*. Miami: Chicherekú, 1968.
Dauster, Frank N. "The Game of Chance: The Theater of José Triana." *Dramatists in Revolt: The New Latin American Theatre*, eds. Leon F. Lyday y George W. Woodyard. Austin: U of Texas P, 1976. 167-89.
de la Campa, Román V. *José Triana: ritualización de la sociedad cubana*. Minneapolis: Institute for the Study of Ideologies and Literature, 1979.
Montes Huidobro, Matías. *Persona, vida y máscara en el teatro cubano*. Miami: Ediciones Universal, 1973.
Ortiz, Fernando. *Los negros brujos (Apuntes para un estudio de etnología criminal)*. Miami: New House Publishers, 1973.
_____. *Nuevo catauro de cubanismos*. La Habana: Ciencias Sociales, 1974.
Triana, José. *Ceremonial de guerra*. Honolulu: Editorial Persona, 1990.
_____. *El parque de la Fraternidad [Medea en el espejo, El Mayor General hablará de Teogonía y El parque de la Fraternidad]*. La Habana: Unión, 1962.
_____. *Medea en el espejo. La noche de los asesinos. Palabras comunes*. Madrid: Verbum, 1991.

LA ÉTICA HISTÓRICA COMO ACONDICIONADORA DE LA ACCIÓN EN EL TEATRO DE JOSÉ TRIANA

MATÍAS MONTES HUIDOBRO
University of Hawaii at Manoa

Siguiendo la tradición clásica del teatro español y de la cultura hispánica, donde "el código del honor" es el agente último que determina la tragedia o, cuando menos, la mecánica del conflicto, los personajes de la mejor dramaturgia cubana y, por consiguiente, los del teatro de José Triana, funcionan teniendo presente esa responsabilidad moral que debe asumirse y que es el factor acondicionador de unos actos que tienen que llevarse a efecto hasta sus últimas consecuencias. Es desde este punto de vista que nos proponemos señalar algunos aspectos fundamentales del teatro de Triana, uno de los dramaturgos cubanos contemporáneos más estudiados por la crítica internacional desde otras perspectivas, particularmente en el caso de *La noche de los asesinos*.[1]

Entiéndase que en el teatro latinoamericano y, específicamente, en el caso del teatro cubano, este código funciona dentro de principios histórico-políticos normativos que toman como punto de partida la realidad de esa naturaleza en que viven y conviven autores y personajes.[2] De ahí que sea prácticamente imposible despolitizar los textos de la literatura cubana contemporánea que, por razones obvias y cualquiera que sea la posición del escritor, están determinados por la historia. Se trata de un honor civil, no del honor de la sexualidad violada a lo *Bodas de sangre* o *La malquerida*. Inclusive en el caso de la violencia primaria de la Medea de Triana, ésta hace el planteamiento nacionalista que es la clave subyacente del crimen que comete, y por eso, éticamente, se pregunta: "¿Matándolos . . . eliminaré de la faz de la tierra a todos los julianes del futuro? ¿Soy acaso la elegida de la redención? ¿Sólo la sangre podrá salvarnos?" (50). Esta eliminación de los julianes del machismo nacional se superimpone como acto de conciencia colectiva de un "honor" que lleva a la redención histórica.

Siguiendo también la tradición cristiana, no se trata de un destino último prefijado por los dioses, sino de un destino de libre elección que no es, dentro de nuestro sistema cultural, histórico y político, una posición contradictoria: se elige, libremente, el destino que tiene que cumplirse. En *La muerte del Ñeque*, Triana nos ofrece una síntesis de esta dualidad entre elección y destino, cuando uno de los personajes representativos de la masa coral dice con extraordinaria precisión: "Mátalo. Mátalo. Tiene que morir" (17). Es decir: es posible que la historia de Cuba sea una sucesión de "bilongos" que nos hemos buscado, ante los cuales cada uno de nosotros ha tenido su responsabilidad y cuyos caminos de la opresión a la liberación no son otros que los de la sangre. Desde que la protagonista de *Electra Garrigó* de Piñera propuso la limpieza de sangre, el teatro cubano no ha estado haciendo otra cosa. Pero el cumplimiento del "código" ha sido un acto de libre elección, al modo existencialista sartreano, que estamos obligados a llevar a efecto a consecuencia de nuestra conciencia moral. La condición trágica de nuestra circunstancia vital radica en la obligación en que nos encontramos de tener que cumplir con una ética que nos fuerza a elegir de un modo y no del otro. Nuestra libertad de elección puede llevarnos a cumplir o no con el "código," pero en un caso como en el otro tenemos que enfrentarnos a las correspondientes consecuencias.

Esta preocupación es obsesiva y aunque el nexo es evidentemente existencialista, tiene sus antecedentes culturales en nuestra genética hispánica: en principios que abarcan varios siglos de preocupación pragmática con la conducta, de lo quijotesco a lo ganivetiano, hasta llegar a la médula martiana de nuestra nacionalidad. No es posible desconocer que todos estos factores formativos de nuestra conciencia cultural conducen invitablemente a la mítica martiana, ya que es José Martí el arquetipo histórico que la configura. Por otra parte, la constante de nuestras frustraciones republicanas, la sucesión de regímenes dictatoriales, el vórtice cainístico representado por la revolución castrista y los inevitables planteamientos ideológicos, llevan a la decisión existencialista de los participantes, dramaturgos y personajes, que viven el asedio de un acto sangriento que tiene que llevarse a efecto.

Esta es, a mi modo de ver, la composición de fondo de la obra de Triana, común a todos los dramaturgos cubanos de este siglo y que a la larga los unifica. Paradójicamente, la conciencia ética está presidida por la tiranía y lleva un germen de deformación, presente en los textos de Triana desde *El Mayor General hablará de Teogonía*. Para Erich Fromm las normas éticas de la conducta son una manifestación de la naturaleza misma del hombre, y hace algunas importantes observaciones sobre el autoritarismo en sus relaciones con la ética. Fromm considera que hay un autoritarismo racional, basado en la competencia y dependiente de sus logros, y un autoritarismo irracional que es siempre "power over people. This power can be physical or mental, it can be realistic or only relative in terms of the anxiety and helplessness of the person submitting to this authority. Power on the one side, fear on the other, are always the buttresses of which irrational authority is built" (91). Es evidente que en las tres obras mencionadas los personajes están sometidos a este autoritarismo, pero el problema reside en aplicar una ética humanística de liberación, que no es lo que pueden hacer los caracteres de Triana y lo que lleva a la continuidad de la tiranía. Es en realidad el problema al que se enfrentan los pueblos sometidos por siglos a regímenes dictatoriales, que deformados por la realidad irracional no encuentran los parámetros que los lleven a un uso apropiado de la libertad. En el caso de *El Mayor General hablará de Teogonía*, por ejemplo, los personajes están distorsionados de tal modo que no pueden llevar a efecto el acto de liberación. De hacerlo, se encontrarían en el callejón sin salida en que los coloca el propio autor en *La noche de los asesinos*: Lalo no puede poner en práctica un sistema de autoridad racional basado en la competencia, al modo que explica Fromm, porque él mismo es un "hombre nuevo" genéticamente deformado y engendrado por la autoridad irracional. Es obvio que la obra de Triana y mi lectura desde un código histórico-político disidente, explican múltiples aspectos de la ultra-historia de una dramaturgia que refleja conflictos y traumas muy graves y desoladores.

La última década del siglo XX invita sin lugar a dudas al recuento, quizás por decisiones arbitrarias de la cronología, pero existe una inevitable tendencia a referirnos a períodos delimitados por siglos. De ahí que, ya se puede ir considerando el particular significado de los dramaturgos cubanos que se forman entre fines de los cincuenta, principios de los sesenta, y que seguirán escribiendo más allá de estas fechas. ¿Cómo se compara el producto de estos dramaturgos con la producción precedente y con la que le sigue? Forman lo que se podría llamar generación de entre-guerras, entre-colonialismos, entre-pateaduras (para hacer la terminología más gráfica), y en el mejor de los casos "dramaturgia de transición," dentro de la cual Triana juega un papel de primerísima importancia.[3]

Inmerso en el significado histórico de esas fechas, su teatro va a encontrarse en un creciente conflicto histórico que tiene en el abuso de poder su núcleo temático. Para manifestar esto con mayor eficacia teatral, se ve precisado a buscar medios de liberación del espacio escénico que permiten ampliar sus posibilidades interpretativas. De ahí que los procedimientos de distorsión e incongruencia verbal, desarreglos paródicos intencionales de los componentes míticos, desplazamientos estilísticos y contrastantes, técnicas del teatro dentro del teatro, características todas ellas de la dramaturgia de los sesenta reiteradas posteriormente, están presentes en una obra que insatisfecha con el plano inmediato y los límites físicos del escenario, busca nexos liberadores con la misma persistencia que sus personajes se afanan por los caminos de la libertad. Esto se llama historicidad, pero medular y ajena a la línea oficial, lo que ha dificultado la propia ubicación de su obra. En el caso de *La noche de los asesinos*, cuya importancia es imposible soslayar, la crítica cubana se ha visto en graves aprietos. Para Raquel Carrió "la excelencia formal de la pieza—síntesis de una activa asimilación del teatro de vanguardia—no sustituye la incapacidad para reflejar los nuevos puntos de vista frente a una realidad en transformación que, de hecho, pone en crisis los presupuestos de una 'modernidad' que desconoce el curso esencial de la historia y se aferra al perfeccionamiento de conquistas formales" (36), insistiendo varias veces en "la ausencia de una perspectiva histórica lúcida" (37). Las virtudes se escatiman, limitándolas a una asimilación de movimientos previos que, al no ajustarse a la historia oficial, que es la única posible, está destinada a convertirse en un texto alienado dentro de sí mismo. Graziella Pogolotti, citada por Carrió, va mucho más lejos, y llega a afirmar que en *La noche de los asesinos* "la violencia está operando en el vacío con la precisión exacta de una maquinaria que mantiene, fuera de tiempo, un funcionamiento autónomo" (38). Nosotros diremos, con intención bien diferente, que al volverse la violencia parte intrínseca de la experiencia del autor y los personajes, ésta adquiere vida propia. Como señalé hace muchos años en otro trabajo, al comentar esta pieza y *Dos viejos pánicos* de Piñera, "nunca antes han estado el miedo y la sangre tan brillantemente y oscuramente presentes en nuestra escena" (413). Estas dos obras son casos representativos de una absoluta inmersión histórica.

Si en *Medea en el espejo* la protagonista se pregunta, "¿Matándolos . . .?," en *La muerte del Ñeque* aparece la respuesta categórica: "Mátalo." Desubicada la terminología específica de un texto que corresponde a una obra en particular, y reubicada dentro del contexto general de la dramaturgia de Triana, la palabra se libera de su espacio más concreto, de su limitado escenario, para formar parte de un espacio teatral premonitorio. El crimen que comete Medea en la obra anterior encuentra su aprobación colectiva en la que le sigue, ya que la protagonista trágica debe llevar a efecto un acto de liberación. *La muerte del Ñeque* se inicia con un imperativo que anticipa la acción y que la cierra, y es un texto dentro del cual se encuentra apresada Medea, que víctima de una corrupción del poder, sólo puede resolver el conflicto con la ética de la sangre.

Si seguimos observando esta composición del imperativo "mátalo," nos encontramos que la variante pronominal, "lo" corresponde al orden estático, horizontal, autoritario y de dominio, que constituye el estado de cosas que se opone a la libertad de acción, y que solamente puede cambiarse por la acción propuesta por el verbo. De ahí que *La muerte del Ñeque* empiece con una terminología esencialmente dramática, síntesis de la teatralidad del autor. El verbo responde al concepto del "código del honor" histórico-político, que es la ética a la que hemos hecho referencia y que es, además, un mandato que, indirectamente, le está dando Triana a sus personajes: su propio deseo liberador a través de la representación escénica... su "noche de los asesinos."

Si repasamos esquemáticamente algunas de sus obras, nos encontramos que en su conjunto hay un fondo circular, cíclico, de la historia nacional, con su salida deliberada y obligada por los caminos de la violencia. Hay también un contrapunto entre el destino prefijado y la decisión de actuar para llegar al objetivo liberador. Lo cierto es que la historia de Cuba contemporánea configura la acción. La mecánica se cumple, con la peculiaridad que en la mayor parte de los casos, al estar formados los personajes por un sistema irracional, son incapaces de entender una ética humanística.

En *El Mayor General hablará de Teogonía* esa estructura de poder se manifiesta mediante los componentes básicos del título, en el cual, de un lado, la fuerza física y militar, el *Mayor General*, queda asociada con la opresión ideológica de un discurso que no se vuelve explícito en la obra: *Teogonía*. Lo que establece el autor en este momento es la omnipotencia y omnipresencia de un despotismo que se rige por un código normativo que no hay que entender, carente de significado, *Teogonía*, pero que es la ley del estado policíaco y totalitario que preside el *Mayor General*. Es evidente que el conflicto individual de los personajes, sus frustraciones eróticas y de otra índole, manifiestan vínculos estrechos con el nivel superior. No obstante ello, existe la responsabilidad individual, como corresponde a la mecánica de un orden existencialista que no escapa a los términos de la libre elección. Los personajes se mueven en un impreciso y cenagoso terreno donde la responsabilidad se mezcla con el egoísmo y con la culpa, convirtiéndolos en última instancia en títeres del orden militar y teológico. La hegemonía de las armas y el dogma forman el torniquete de la intolerancia. Ubicada en Cuba en 1929, durante el machadato, el nivel concreto queda desubicado por el carácter de la obra, y desde el primer momento se independiza de los límites temporales, que se amplían aún más cuando la obra es interpretada treinta años después de haberse escrito.

Los nexos de esta pieza con *La noche de los asesinos* son evidentes, ya que los planes de Petronila, Higinio y Elisiria, que quieren matar al Mayor General y no llegan a hacerlo, son similares a los de Cuca, Beba y Lalo y su parricidio ritualista. El imperativo "mátalo," que constantemente funciona en la subconciencia de los personajes, equivale a un automatismo emancipador. Por muy pocas simpatías que puedan despertar estos agentes de la muerte, por muy empantadas que parezcan sus motivaciones, se trata en cualquier caso de una "ética" que se rebela contra un paternalismo opresor. Pero obsérvese la conducta a la luz de la ética humanística de Fromm: "Humanistic ethics, in contrast to authoritarian ethics, may likewise be distinguished by formal and material criteria. Formally, it is based on the principle that only man himself can determine the criterion for virtue and sin, and not an authority transcending him. Materially, it is based on the principle that 'good' is what is good for man and 'evil' what is detrimental to man" (22). Si bien los personajes de ambas obras, sometidos a la tiranía de la generación anterior, exigen su derecho a determinar por ellos mismos lo que es el bien o el mal, lo que es una silla o una mesa y la posición que los objetos deben tener en el espacio según su propia perspectiva, y que por extensión encuentran en el crimen la única vía posible de liberación, su incapacidad para establecer una línea divisoria entre el bien y el mal imposibilita la aplicación de una ética humanística.

En el caso de *Medea en el espejo*, el puro nivel personal de la criminalidad de Medea queda superado si hacemos unas cuantas observaciones sobre las condiciones sociales y económicas existentes en la estructura de poder de la obra. Al ubicarla dentro de circunstancias cubanas y con rasgos nacionales muy señalados, los propios límites que traza el autor en este sentido, la distorsión y nacionalización de los componentes clásicos, amplían el texto al cargarlo de significado social, económico y político. El acto de matar, que es imperativo de la acción de Medea, se dirige al exterminio de una simbología del machismo nacional preñada de injusticias. Aunque el Mayor General "teogoniza" durante el machadato, la ambientación lo saca de estos límites, lo mismo que a los personajes de *La noche de los asesinos*. Medea, por su parte, será "clásica" por nexos argumentales, pero siempre será una Medea de solar habanero que va de Batista a Ramón Grau San Martín y de éste a Carlos Prío. De ahí que sea clásica y local, universal y específica, actuando contra determinados representantes de un particular período y llevando a efecto una tarea sanitaria contra el machismo de Julián y la corrupción de Perico Piedra Fina. Ambos representan un orden civil que completa el paisaje político del Mayor General; en definitiva, una variación de la "teogonía" nacional. La superestructura "colonial" se manifiesta por la presencia de un poder dominante del que se libera Medea mediante la justicia sangrienta de los dioses. Pero este acto de valor se opone a la pasividad de los demás, que no responden al imperativo verbal que exige justicia, siendo Medea la que está libremente predestinada (dualidad, ambivalencia, contradicción nacional) a cumplir con la condición impuesta en *La muerte del Ñeque*: "Mátalo." Los intereses más egoístas de Medea oscurecen parcialmente sus actos, pero si tomamos en consideración su realidad histórica, social y política, su posición marginal, extranjera dentro de la etnicidad dominante, e inclusive su condición de mujer, podemos ver en ella que la justicia privada, que toma en sus propias manos, se vuelve "honor" colectivo que la moviliza para acabar con la estructura de dominio del orden superior, verdugo de todos los demás.

Esa ética de la muerte nos conduce finalmente a *Ceremonial de guerra*, escrita entre 1968 y 1973, pero publicada recientemente. En el prólogo a esta edición, George Woodyard ha observado que "se subraya la importancia de la palabra *verdad* como concepto central, ya que figura más de 50 veces en el texto" (7). Si el acto de matar puede interpretarse como dictamen de la justicia, la búsqueda de la verdad va más allá de las posibilidades de la atrofia mental subyacente en los genes de *El Mayor General hablará de Teogonía* y *La noche de los asesinos*, y de cuestionamientos que se le pueden hacer a Medea.

La acción de *Ceremonial de guerra* se desarrolla en Cuba durante la Guerra de Independencia, en plena manigua, con una ambientación realista de carácter muy directo, que adquiere ocasionalmente tonalidades irreales y hasta absurdistas, aunque de modo aparentemente marginal. En síntesis, un grupo de mambises se encuentra sitiado por las fuerzas españolas, siendo gravemente herido en una pierna y abandonado por sus compatriotas en plena manigua un Coronel del Ejército Libertador, Aracelio Fonseca. Al asedio externo de las fuerzas españolas del General Garrido, se opone la división interna entre los mambises. El dramaturgo contrapone el principio del fin justifica los medios, donde la ética de la conducta inmediata debe sacrificarse para lograr el objetivo revolucionario, al opuesto punto de vista: la ética tiene que cumplirse a todos los niveles, desde el plano inmediato al último. Aunque ubicada la acción durante nuestra gesta independentista a fines del siglo pasado, es evidente que la connotación revolucionaria trasciende un espacio específico, convirtiendo *Ceremonial de guerra* en una obra histórica en más de un sentido.

Ceremonial de guerra se escribe entre 1968 y 1973. Este período coincide con la fundación del Grupo Teatro Escambray. Se estrenan una serie de obras que presentan, desde una perspectiva oficial, la lucha de los alzados contra el castrismo en la zona de igual nombre en la provincia de Las Villas. El resultado fue un repertorio de obras agrupadas bajo el término de "lucha contra bandidos," que configuran el núcleo permanente de lo que fue este teatro. De ahí se derivan diversos textos que plantean la "limpia del Escambray," que van desde *Unos hombres y otros* (1959) de Jesús Díaz, pasando por *El hijo de Arturo Estévez* (1974) de González de Cascorro, hasta culminar con *La emboscada* (1978) de Roberto Oriuela. Gran parte de la acción de estas obras se desarrolla en un claro del bosque, o en algún campamento militar, con referencia a acciones de este tipo entre bandos opuestos y la formación de un cerco destinado a destruir al enemigo. La acción de *Ceremonial de guerra* se desarrolla en "un lugar en Cuba, en plena manigua" (10), pero ubicada en 1895. Hay constantes referencias a estrategias de combate, al cerco en que se encuentran los personajes, como en una ratonera, y a la toma del Fortín de la Candelaria: "El fortín de la Candelaria es un punto estratégico, el lugar que alimenta de armas al enemigo en toda la provincia; prácticamente, un arsenal de guerra. Tú eres el designado para tomarlo, aprovisionar a la tropa y devastarlo. Eso significa que si tú cumples el objetivo, realizarás la epopeya más grande de la Revolución" (26). Estos componentes establecen el nexo con el teatro que se hacía en esos momentos en Cuba, pero al desplazarse en el tiempo y al hacerse referencia a personajes y localizaciones, algunas de carácter histórico relacionadas con la Guerra de Independencia, la obra tiene a la vez carácter alegórico. La diferencia fundamental reside en que Triana enfoca la atención en opuestos puntos de vista respecto a la ética revolucionaria, no entre los campos enemigos, como ocurre generalmente en el teatro de "lucha contra bandidos," sino internamente, a nivel de conducta revolucionaria —y ésta es una distinción fundamental que la asila, la ubica de modo muy especial y le da significado.

Gestada, por consiguiente, en un período de toma de conciencia, cuestionamientos históricos y decisiones que deben tomarse, trasciende el espacio de la acción de sus personajes para convivir en el espacio de los autores cubanos en el vórtice del compromiso. José A. Escarpanter ha establecido sus nexos con la tradición clásica, observando que "el asunto, que guarda semejanza con el de *Filoctetes* de Sófocles, se sitúa durante la Guerra de Independencia cubana de 1895, pero muchos de sus motivos aluden al momento político en que la pieza se compuso. Como ha ocurrido tradicionalmente en los regímenes represivos, el creador, al verse imposibilitado a hacer alusiones directas a su realidad, acude al subterfugio de tratar un tema antiguo para expresarlas, contando con la complicidad del lector/espectador. Aracelio, el Filoctetes de Triana, se debate entre los intereses personales y el interés colectivo" (63). Nótese, además, cierto nexo con *Los siete contra Tebas* (1968) de Antón Arrufat, obra considerada contrarrevolucionaria por la crítica oficial, a pesar de haber recibido el Premio Casa de las Américas de 1968, otorgado por un jurado del cual el propio Triana formó parte. La circunstancia inmediata, la posición ideológica y la utilización de componentes clásicos aplicables a la realidad nacional, son comunes en ambos textos. Etica y anti-ética se confrontan en la ficción y la realidad, obligando a una decisión entre una ética autoritaria y otra humanística, según terminología de Erich Fromm. Esta vez el "mátalo" no tiene su gestación traumatizada en el orden autoritario superior del desmoralizado Perico Piedra Fina, garrotero republicano; o el régimen autoritario de los padres representativos de la opresión; o en un Mayor General ducho en Teogonía que simboliza una tiranía más allá del tiempo y el espacio concreto. Es cierto que hay que eliminar el sistema colonial español, pero al hacerlo no se deben desconocer los valores de una ética humanística, que es el punto que desconoce Rine Leal cuando afirma que en el teatro de "lucha contra bandidos," "la estética se transforma en ética revolucionaria" (XXV), mientras que para Fromm, para nosotros y para Aracelio Fonseca, "The humanistic position is that there is nothing higher and nothing more dignified than human existence" (23). Este principio crea el conflicto interno de Aracelio, que no constituye una preocupación fundamental ni en Angel ni en Leonel, los "revolucionarios" que lo abandonan y después le reprochan su actitud: "Todo el tiempo te contradices. Si propones: 'Estoy con la Revolución hasta el final . . .' ¿Por qué armas este zarambeque? ¿Cómo es posible que te hundas en razones y más razones que niegan lo que afirmas?" (54). Este "zarambeque" no es más que el vórtice del compromiso en que se han encontrado muchos dramaturgos cubanos (Triana entre ellos), en su búsqueda de la verdad. Por estas razones, el análisis de la situación se vuelve complejo en el espíritu ético de Aracelio Fonseca.

A pesar de desarrollarse durante la Guerra de Independencia, el orden opresor no está representado en esencia por el colonialismo español que asedia a las fuerzas mambisas, sino por la imposición de un orden revolucionario que va más allá de todo principio ético humanístico, y al que debe subordinarse toda decisión. Este punto de vista permea la obra como a toda la realidad cubana, y la ética histórico-martiana del protagonista, antropocéntrica, en el sentido de que el hombre, su vida y su dignidad son el centro del universo, entra en conflicto con los imperativos de la muerte. Aracelio Fonseca se encuentra a la larga paralizado moralmente, como lo está físicamente, entre los medios, las impurezas de una nueva realidad (como diríamos parafraseando a José Antonio Ramos), y los fines inexorables de un nuevo estado de cosas, de un nuevo estrato superior, de dominio, que ocupa ahora el lugar de mayores generales, padres tiránicos y garroteros de mala muerte. De ahí que Aracelio Fonseca, con el brazo en alto, sin acabar de exterminar al enemigo exterior, al General Garrido de las fuerzas españolas, al cerco imperialista, se ve doblegado ante la ética autoritaria de la Revolución, que acepta el engaño, la cobardía y los intereses bastardos para alcanzar sus objetivos. Pero Fonseca no puede dejar para después, como propone Leonel, la solución de problemas que requieren la amputación inmediata y urgente, ya que aceptando tales puntos de vista la Revolución sería el Mayor General.

La desarticulada presencia del Vendedor Ambulante es un elemento liberador del espacio, el tiempo y el estilo que determina, mediante un aparente desajuste, el ajuste temático y estilístico de la obra. El problema de Aracelio Fonseca queda en el aire, moviéndose entre la libre elección y el destino inexorable de una realidad revolucionaria que acabará imponiendo sus fines. Triana desvía la atención en su composición de esta "lucha contra bandidos." Aunque el General Garrido es el enemigo externo, hay otros a nivel interno que no son menos peligrosos. El acto de liberación, "matar," se bifurca sinuoso y siniestro. En el enfrentamiento de la ética humanística y su contrario, en el foco existencial de Aracelio Fonseca, convergen principios de conducta de la tradición quijotesca cervantina y la diamantina interpretación ganivetiana, que llegan al ala martiana. Aracelio Fonseca, que representa el pecado de orgullo de la ética, el talón de Aquiles de su desplome trágico, vacila, no se sabe exactamente. Todo se confunde entre el estamos "en pie de guerra" (60); el paródico pregón de la sociedad de consumo del subdesarrollo: "¡La guerra! Baratijas para las damas enamoradas. Pañuelos. Perfumes. Aromas de Arabia" (59); y el persistente y onomatopéyico "¡chis chas, chis chas, chis chas!" (60) del coro, que posiblemente sea alguna orden de matar.

Desde criaturas taradas y alienadas que encuentran en la propia criminalidad que los gesta la única posibilidad de liberación, haciendo una aplicación distorsionada de la ética auténtica; pasando por las justificaciones dadas a consecuencia de las injusticias sociales, políticas y éticas, llega Triana a la figura épico-patriarcal de Aracelio Fonseca, atrapado entre el machete y la conciencia. En todos estos casos, la ética histórica funciona como acondicionadora de la acción en el teatro de José Triana.

NOTAS

1. En *Cuban Literature, A Research Guide*, David William Foster da la ficha de diecinueve artículos, casi todos con referencia a *La noche de los asesinos*. Si a esto añadimos artículos posteriores, capítulos en libros sobre el teatro cubano (como el caso de mi propio libro *Persona: vida y máscara en el teatro cubano*) e infinidad de referencias a su obra en estudios sobre el teatro latinoamericano de hoy, nos encontramos que es uno de los dramaturgos cubanos más estudiados.

2. El gobierno cubano, en particular, está consciente del compromiso del escritor, como apunta Graziella Pogolotti al afirmar que el movimiento teatral no puede "desvincularse de los lineamientos establecidos para la política cultural en su conjunto. Formulada conceptualmente por Fidel Castro en 1961 . . . ha sido ratificada en el cuarto congreso de la Unión de Escritores y Artistas de Cuba, efectuado en La Habana en enero de 1988" (58), fecha relativamente reciente. Naturalmente, la posición es anti-ética para la disidencia, que opone su propia ética como tabla de medida. Reinaldo Arenas expone el problema ético desde otra perspectiva cuando dice: "Los que no viven exiliados, los que tienen ya esa libertad, pueden tal vez darse la torpeza de separar arte y política. Pero los que padecemos del destierro, precisamente por razones políticas, tendríamos que ser viles, imbéciles o suicidas para despolitizarnos" (15). Discutir la literatura cubana en otros términos equivale a eludir lo medular del problema.

3. Raquel Carrió atribuye el uso del término a Rine Leal, con referencia al período 1940-1958. Rosa Ileana Bodet en "1959-1987: el teatro de la Revolución," se refiere a Piñera, Felipe y Ferrer como "los pilares de la transición" (28). Por consiguiente, Triana está ubicado un poco más acá, pero Carrió, al discutir el carácter de la dramaturgia cubana subsiguiente, en la que coloca a Triana, lo hace en un epígrafe encabezado por la pregunta: "¿Nueva dramaturgia cubana? (1959-1968)" (25). Carrió es uno de los pocos críticos en Cuba que reconoce la existencia de dramaturgos cubanos en el exilio que son silenciados por otros investigadores.

OBRAS CONSULTADAS

Arenas, Reinaldo. "Guillermo Hernández o la dignidad intelectual." *Memorias de un joven que nació en enero*. Ed. Guillermo Hernández. Honolulu, Hawaii: Editorial Persona, 1991. 19-21.

Boudet, Rosa Ileana. "1959-1987: el teatro de la Revolución." *Escenario de dos mundos. Inventario teatral de Iberoamérica*. Tomo 2. Madrid: Centro de Documentación Teatral, 1988. 27-40.

Carrió, Raquel. *Dramaturgia cubana contemporánea*. La Habana, Editorial Pueblo y Educación, 1980.

Escarpanter, José A. "El exilio de Matías Montes Huidobro y José Triana." *Linden Lane Magazine* 9.4 (October-December 1990). 61-62.

Foster, David William. *Cuban Literature. A Research Guide.* New York: Garland Publishing Co., 1985.
Fromm, Erich. *Man for Himelf.* New York: Fawcett Premier, 1975.
Leal, Rine. "Prólogo." *Lucha contra bandidos.* Ed. Roberto Orihuela. La Habana: Editorial Letras Cubanas, 1973.
Montes-Huidobro, Matías. *Persona: vida y máscara en el teatro cubano.* Miami: Ediciones Universal, 1973.
Pogolotti, Graziella. Prólogo. *Teatro y Revolución.* La Habana: Editorial Letras Cubanas, 1980.
Triana, José. *Medea en el espejo.* La Habana: Ediciones Unión, 1962.
_____. *La muerte del Ñeque.* La Habana: Ediciones Revolución, 1964.
_____. *Ceremonial de guerra.* Honolulu, Hawaii: Editorial Persona, 1990.
Woodyard, George. Comentario preliminar. *Ceremonial de guerra,* edición citada.

LA NOCHE DE LOS ASESINOS: LA POLÍTICA DE LA AMBIGÜEDAD

DIANA TAYLOR
Dartmouth College

Desde que inició su carrera como dramaturgo al final de los años cincuenta, José Triana (nacido en 1932 en Cuba) examina la relación entre el teatro y la revolución. ¿Cuál es la función del teatro en los períodos de revolución? ¿Y qué entendemos por teatro "revolucionario"? José Triana plantea estas cuestiones, primero durante la cumbre de su influencia dentro del partido revolucionario castrista (*La noche de los asesinos*, 1966) y más tarde cuando es juzgado como antirrevolucionario y en consecuencia, completamente marginado por el movimiento revolucionario (*Ceremonial de guerra*, 1968-1971, *Palabras comunes*, 1979-80, La Habana, 1986 Paris, Sitges). Estos planteos son fundamentales tanto para nuestra comprensión del trabajo de Triana como para entender la recepción crítica de éste. Los críticos cubanos rechazaron sus obras en base a su percepción de que eran antirrevolucionarias.[1] Los críticos extranjeros, al contrario, se quedaron impresionados por las obras, especialmente *La noche*, pero tendían a examinarlas aisladas de la carga de su contexto político. Algunos se referían a las piezas de Triana como obras "universales"; otros hablaban de su teatro en relación al teatro artaudiano de la crueldad o como si fuera teatro del absurdo, o como un ritual a la Genet o "dansa macabra."[2] Sin embargo, me parece erróneo ubicar la obra de Triana en oposición al contexto revolucionario. Me parece igualmente erróneo pensar en su teatro como un fenómeno aislado de su contexto sociopolítico concreto—la revolución cubana. En mi opinión, el teatro de Triana es a nivel *político* así como a nivel *estético* un teatro revolucionario, aunque no en el sentido en que sus críticos fueron capaces de reconocer o aceptar. Aquí enfocaré solamente las implicaciones políticas de *La noche* si bien indicaré, siempre que sea posible, cómo pueden ser consideradas otras conexiones.[3]

La noche es una pieza particularmente interesante al ser uno de los primeros trabajos en presentar las más urgentes cuestiones acerca de la revolución desde el mismo marco del movimiento revolucionario. Es importante hacer hincapié en que el trabajo de Triana no era reaccionario políticamente o "antirrevolucionario" como los críticos en su momento lo sugirieron. El no estaba "afuera," apartado o en contra del movimiento. Todo lo contrario; Triana fue uno de los miembros fundadores de la Unión de Escritores y Artistas de Cuba (UNEAC); cuando él se refiere a este período, habla siempre de su posición "dentro de la revolución."[4] Más bien, la revolución cubana y el mismo concepto de *revolución* estaban atravesando por una crisis *desde adentro*, como resultado de la institucionalización del proceso revolucionario. Inicialmente, Triana había creído que la revolución cubana, como Fidel Castro lo había afirmado, estaba siguiendo el camino señalado por José Martí hacia una Cuba independiente a nivel político, económico y cultural, guiado por un espíritu de amor y creatividad. Del mismo modo que el escritor soviético Yevgeny Zamyatin, quien, en la década de los veinte, había sido condenado como el "hereje" soviético, Triana comienza a sentir que la revolución se había estancado. La visión de Martí acerca de la auto-determinación cubana se había perdido al aceptar el comunismo soviético, una consecuencia inevitable dada la agresión política y económica por parte de los Estados Unidos. Zamyatin se aproxima a describir la obsesiva "herejía" impulsada por la permanente revolución que caracteriza a ambos, a él y a Triana: "La Revolución está en todas partes, en todo. Es infinita. No existe una revolución final. . . . La llama podrá enfriarse mañana o pasado mañana. Pero alguien debe reconocer ese hecho *hoy* y hablar heréticamente hoy, acerca del mañana. Los herejes son el único remedio (amargo) en contra de la entropía del pensamiento humano. Cuando la ardiente, hirviente esfera se enfría, la fogosa magma llega a ser cubierta con un dogma rígido, osificado como una inmóvil corteza" (107-08; traducción mía).

La noche es una obra acerca de la revolución, escrita en el momento en que Triana ejerce más influencia en el partido *fidelista*. Sin embargo, la ambigüedad de sus formulaciones sobre la "revolución" en esta obra precipitó su alejamiento del movimiento y culminó en el exilio del dramaturgo en 1980. La UNEAC consideró esta ambigüedad como antirrevolucionaria, argumentando que "los problemas de nuestro tiempo no son abstractos, tienen apellido y están localizados muy concretamente. Debe definirse contra qué se lucha y en nombre de qué se combate" (11-12). No obstante, *La noche* demuestra que los problemas de nuestro tiempo, incluyendo el carácter y la función de la revolución misma, no son tan fácilmente nombrables y localizables. En oposición a la representación de la historia como "una línea ascendente" que exige la UNEAC (10), *La noche* ofrece un modelo biológico, cíclico de la historia de la humanidad. Tres adolescentes (Lalo, Cuca y Beba), confinados en un sótano/desván oscuro, incesantemente vuelven a representar el asesinato de sus padres. Sus acciones nos recuerdan el prototípico acto del parricidio-matricidio cometido por los tres cíclopes. Ellos tendrán que rebelarse en contra del padre en su lucha por adquirir una identidad separada. Este modelo biológico "da a luz" un modelo político remontado a la antigüedad. Como señala Aristóteles, "la familia patriarcal proporciona el modelo primario de gobierno político" (Brown 16). Al derrotar al padre, los niños se juntan en una conspiración criminal; según Freud, "la sociedad fue basada sobre la complicidad en el crimen comun" (Brown 16; traducción mía). En la obra de Triana, el crimen da a los adolescentes su propia identidad. Ellos son "asesinos," compañeros de crimen; embarcados en la tarea mitológica de crear orden del caos, un nuevo mundo de los restos mortales del anciano.

Al situarnos en medio de un mundo cerrado, al despojarnos de todo conocible lazo con el exterior, *La noche* nos hace sentir la dificultad de localizar el espacio. Los personajes, como los espectadores, se encuentran en un mundo escénico que, paradójicamente, es a la vez un espacio central y marginado. Como la caverna de Platón, este útero-desván-sótano-teatro es simultáneamente una metáfora y generador de imágenes, una doble imagen o "hipericono" (Mitchell 6). Como el feto en el útero, estos personajes flotan "con los pies hacia arriba y la cabeza hacia abajo"; son centrales en relación con el cuerpo más grande, *dentro de* pero aun no *en* el mundo. Esta desorientadora inclusión funciona también como una forma de exclusión, rechazo, exilio, con todas sus implicaciones políticas, existenciales, arquetípicas, sexuales. Edipo, Lucifer, el Garcin de Sartre, Triana mismo . ¿Es el espacio oscuro la matriz de la cual el niño partirá? ¿O aquélla a la cual el matricida incestuoso (Lalo, Edipo) retornará? ¿Es el final del viaje o recién el principio? ¿Originan en este espacio las fantasías o sólo allí son proyectadas? Como en la caverna de Platón, nosotros nunca podremos establecer la verdad dentro de este cuarto sin atravesar el umbral hacia la luz del afuera.

La obra nos desplaza tanto en términos de tiempo como de espacio. Mientras se enfoca un evento—el homicidio—resiste nuestra tentación de fijar la acción tanto en el "antes de" como en el "después de" el supuesto asesinato. Nuevamente, esta ambigüedad fractura toda lectura. ¿Es la acción una introducción o un ensayo de asesinato? ¿Es expiatorio? ¿Una liberación catártica, una reparación por el crimen? ¿Es compensatorio, es decir, un sustituto del asesinato? La pregunta del *antes* y del *después* ofusca las interpretaciones políticas. El concepto de un *principio* es central para el pensamiento revolucionario; refleja la urgencia simbólica de separar el presente del pasado, de iniciar un nuevo calendario, de celebrar el nacimiento del nuevo héroe o ser. Toda falla, todo límite ideológico puede ser expulsado fuera del marco revolucionario, *antes* de la revolución. *La noche*, situada en los años cincuenta pero escrita en los sesenta, borra la línea divisoria entre Batista/Castro, complicando así esa separación tan vital para todas las historias e interpretaciones concernientes a Cuba. Si la acción tiene lugar *antes* del homicidio, la obra de Triana podría ser vista como la representación de la sofocación de los adolescentes, situación que justifica la necesidad de derrotar la mortal estructura social. Esta visión redime el trabajo de Triana a los ojos de los críticos quienes, como Hernán Vidal, sostienen que *La noche* retrata a la Cuba pre-revolucionaria que desesperadamente necesita un cambio radical ("Prólogo" 12). Si la acción tiene lugar *después* del asesinato, los revolucionarios castristas podrían ser vistos como asesinos, brutales usurpadores del poder de Batista. Peor aún, después de haber ganado el propio territorio, libres de la opresión gubernamental/paternal, esta lectura implica que los adolescentes son incapaces de crear un mundo mejor. Por lo tanto, la obra podría ser antirrevolucionaria. La auto-referencia del mundo escénico flota en esta doble dislocación, y torna nuestro marco de referencia de arriba hacia abajo, de adentro hacia afuera, socavando necesariamente todo fundamento de interpretación.

La ambigüedad borra distinciones genéricas. Diferentes críticos, basando sus argumentos en diferentes suposiciones acerca de lo que tiene lugar es ese cuarto cerrado, llaman a la acción "ritual," "ensayo," "juego," "misa negra."[5] *La noche* reúne formas de juego, drama y ritual como si fueran intercambiables. Triana no pretende sólo complicar nuestra lectura del texto sino forzarnos a cuestionar los términos mismos. Nuestra incapacidad de mantener diferencias genéricas al referirnos a la obra como "juego" o "rito" nos sitúa—como críticos o espectadores—en el mismo espacio ambiguo en el que se encuentran los personajes. Nosotros también intentamos imponer límites de demarcación. La obra parece incompleta; su final es un nuevo principio. Y mientras sentimos la tentación de darle una conclusión coherente, la obra misma nos demuestra la imposibilidad de hacerlo. Para eso, tendríamos que ir más allá de los marcos ambiguos o del marco de la *ambigüedad* e insertar nuestros propios "hechos." Podríamos denominar la obra una "comedia" o un juego sólo si mantuviésemos que los adolescentes no asesinan a sus padres. O podríamos designarla un "rito preparatorio," suponiendo que los niños efectivamente se preparan para matarlos. O proclamarla un "ensayo" si consideramos la culminación del acto más bien teatral que criminal, y así sucesivamente. La obra se desarrolla en ese terreno común del juego, teatro y rito, ese espacio marginado de hechos y consecuencias "reales." La obra resiste a desarrollarse dentro de formas diferenciadas. Al dislocar nuestro marco de referencia, las particulares indagaciones de Triana ponen en evidencia nuestra inhabilidad para localizar y definir—ya que el "secreto" o la "respuesta" parecen estar justo al otro lado de la puerta, más allá de nuestra vista, lanzando nuestro "deseo más allá de lo que nos es permitido ver" (Barthes 59; traducción mía). Como meditación sobre las exigencias políticas de localizar y definir dentro del discurso revolucionario, *La noche* nos llama la atención sobre la contradicción de la empresa. La ambigüedad dentro del marco no puede ser clarificada a menos que veamos más allá de éste. En *La noche*, no podemos interpretar lo que sucede en el escenario hasta no saber lo que pasa más allá de la puerta. ¿Están allí los padres? ¿Están vivos? ¿Muertos? Pero el discurso revolucionario exige una definición y localización inequívocas. Como dijo Castro, sólo hay dos posiciones: o uno está *dentro* de la revolución o *fuera/en contra* de ella. Se es revolucionario o antirrevolucionario. La imposibilidad de tomar distancia crítica dentro de los confines del marco revolucionario en sí crea la ambigüedad que la revolución intenta combatir a través de la no-ambigüedad. Uno de los problemas que tiene la revolución, entonces, es que limita nuestro discurso y nuestros marcos perceptuales. No podemos evaluar lo que permanece dentro del marco hasta no saber qué es lo que queda afuera.

El marco cerrado presenta otro problema en relación con la construcción de la historia. *La noche* simultáneamente refleja y critica el modelo biológico del proceso histórico. Lalo es a la vez producto de eventos pasados y el ser que perpetúa el pasado hacia el futuro. Como Edipo, el hecho biológico de su existencia genera la historia y pone en movimiento una serie de eventos predecibles. En el caso de Lalo, la miseria ya ha sido determinada antes de su nacimiento, con el embarazo indeseado de la madre. Los padres son unos infelices incapaces de amar o ser amados y frustrados en todos los aspectos de sus vidas insignificantes. Si bien Lalo mata a sus padres—metafórica si no literalmente—la obra no sugiere que el asesinato en sí sea un problema. Jamás se plantea como un problema moral, ¿deberían matar o no matar a los padres? Más bien, parece ser un problema pragmático: ¿son capaces o incapaces de matarlos? El problema fundamental es que ni Lalo ni sus hermanas parecen encontrar nuevos caminos para poder idear nuevas estrategias para reorganizar su territorio una vez que lo han conquistado. ¿Deberían ellos desarmar la casa? (Revolución) ¿Deberían mejorar lo que ya tienen? (Reorganización interna) ¿Deberían dejar la casa para siempre, como Gastón lo hace finalmente en *Palabras comunes*? (Exilio). Pero las interminables representaciones imposibilitan una acción concreta y completa. Una de las cosas más notables de la obra es la carencia de alternativas viables. Una y otra vez, los personajes actúan una serie de roles que, en lugar de establecer la identidad deseada, la socavan. Al final de la obra, Lalo desempeña el rol del Padre, reemplazando a su padre en verdadero estilo edípico, sustituyendo una figura poderosa por otra. ¿Pero es esto *revolución*? Lalo lucha con sus hermanas: las pega, las controla, les roba el espectáculo. No hace más que reproducir el papel del macho tiránico. Mientras que él se cree capaz de violencia y asesinato, es incapaz de un cambio radical en términos de relaciones de poder, ya sea en relaciones entre los géneros sexuales ("gender" en inglés) o entre las generaciones. Aquí, según mi parecer, Triana expresa su opinión acerca del reciente triunfo revolucionario. La violenta usurpación del poder político no garantizó una renovación social. No eliminó las desigualdes en las relaciones de poder. El desafío para la revolución era crear un nuevo, "Real," un sistema de poder que no reproducía la opresión y dependencia de los anteriores. Pero Lalo sólo logra reiterar las palabras dichas anteriormente por su padre: "Había que limpiar la casa . . . Había que cambiar los muebles" (199). El padre, incapaz de dirigir su propia vida, se desmorona ante el desafío. Lo mismo pasa con Lalo: "Si el amor pudiera" (201), dice Lalo al final de la obra. Pero el amor ha fallado. También ha fallado la visión de Martí y su lucha por la autonomía personal y la autodeterminación nacional. Lalo sigue atrapado en el cuerpo maternal que lo rechaza. Busca su identidad al examinar su rostro en un espejo— pero ese espejo sólo refleja la deformación personal y familiar: "Me ponía delante del espejo y contemplaba a mi madre muerta en el fondo de un ataúd" (190). La biología funciona como historia e historia como proceso biológico. Aquí, entonces, tenemos la repetición no sólo como circularidad y sustitución, sino también como degeneración. Cada revolución nueva pronostica nuevas fallas, abismos de desesperación siempre más profundos.

  En yuxtaposición al proceso biológico circular, Triana introduce otro modelo de repetición y recreación: el ensayo teatral. En este modelo, la repetición no es solamente otra forma de sustitución. Detrás del ensayo dramático—la "repetition" francesa—están los ideales de originalidad y perfección artística. La práctica resulta en la perfección; el ensayo culmina en la representación. "Un día" los jóvenes se aseguran, "llegaremos hasta el final." A pesar de la repetición del ensayo, el progreso es lineal; el ensayo culminará en una representación. Mediante los roles teatrales—Padre, Madre, Pantaleón, Margarita, las Criadas, Garcin—los adolescentes desean asumir nuevos roles que les permitirán romper los modelos circulares. Tal vez ellos podrán, a través de la repetición teatral, ser capaces de generar un nuevo "Ideal utópico" del cual podrá generarse un nuevo "Real," un nuevo mundo de alternativas nacido no fuera del texto, sino, como dice Frederic Jameson, "dentro del texto mismo" (81; traducción mía). Este es el proyecto utópico revolucionario. En este sentido, los revolucionarios son absolutistas y románticos. Y éste, según lo define Artaud, también es el proyecto utópico del teatro: "Ha de creerse en un sentido de la vida renovada por el teatro, y donde el 'hombre' [sic] se adueñe impávidamente de lo que aún no existe, y lo haga nacer" (14).

Sin embargo, *La noche* nos muestra que hay por lo menos dos problemas importantes con el modelo teatral del progreso y la recreación. El primero (aunque no el más importante desde la perspectiva de la obra), es que el modelo de auto-generación (de concebirse o inventarse a sí mismo de nuevo al fundirse con una imagen teatral), necesariamente alienta un grado de mitificación. Mientras los nuevos roles podrán ayudar a los adolescentes a cambiar su situación sociopolítica, lo más probable es que los personajes tendrán una identificación no-crítica con las imágenes heroicas. Como plantea Cuca en el juicio: "¿Acaso la humanidad, es decir, nuestra sociedad, no marcha hacia el progreso resplandeciente, hacia una alborada luminosa?" (183). Su visión de los "hombres silenciosos y arrogantes [que] avanza[n] . . . a reclamar a la justicia" (184) amenaza con atraparlos en una fantasía totalitaria. Como ciudadanos heroicos, estos "nuevos hombres" no sólo se sienten justificados, sino también moralmente obligados a excluir a aquellos que no coinciden con la fantasía. El peligro es que el impulso por la liberación oculta más bien una necesidad profunda por la conformidad y la sumisión, y que la visión de una armonía colectiva enmascara y legitima los mecanismos para la exclusión de los otros.

Pero el problema más grave, desde el contexto de *La noche*, es que el paradigma teatral de la auto-gestación sólo renueva un antiguo modelo misógeno del proceso histórico. Como en las teorías de Hegel y Marx, el ser humano o "esclavo" (siempre implícitamente masculino) llega a crearse como una persona auténtica e independiente a través del conflicto a muerte con el otro—el amo. El modelo teatral también mantiene que los seres humanos pueden evitar la biología e inventarse a sí mismos. Lalo cree que podrá vencer el determinismo biológico a través de la representación teatral, moldeándose en los diversos roles deseados. Pero en realidad estas imágenes repetidas de la auto-gestación ofuscan lo que es en el fondo la apropiación masculina del proceso de gestación y nacimiento. El ser masculino añora parirse a sí mismo; este deseo revela no sólo el nuevo paradigma histórico sino también un profundo miedo y odio hacia la mujer. En otras palabras, la imagen del "hombre" que nace gracias a su propio esfuerzo no altera el modelo biológico. Sencillamente elimina a la mujer del proceso. Hegel propone que el "hombre" cobra vida sólo en su lucha contra el otro. Sartre, en su introducción a *The Wretched of the Earth* de Frantz Fanon, elogia al autor por ser "el primero desde Engels en llevar el proceso de la historia a la clara luz del día" (14; traducción mía). La visión hegeliana de Sartre del proceso histórico nos muestra al revolucionario como un "hombre creándose a sí mismo" a través de su tormentosa labor, su trabajo y su conflicto. El modelo no sólo excluye a la mujer sino que revela una inversión negativa del proceso biológico de gestación. En lugar de dar nacimiento y vida, el "hombre" sólo puede "salir a la luz" a través de su lucha con la muerte. Al derrotar al amo, el esclavo "se crea a sí mismo" (Sartre 21). Asimismo, Lalo adquiere su identidad (asesino) matando a sus "amos." Como el "esclavo" de Hegel, él también se imagina que puede inventarse a través de sus propias acciones y labores. Está dispuesto a arriesgar su vida en su lucha por la auto-definición. Como le dice Lalo a Cuca: "Eres o no eres. ¿Crees que siendo así ya basta? Siempre hay que jugársela. No importa ganar o perder" (148). Una limitación fundamental del mito de la auto-gestación es, como nos recuerda Hannah Arendt, que es evidentemente falso (12). Como Arendt señala, "nada es más obvio que el hombre, ya sea como miembro de la especie o como individuo, *no* debe su existencia a sí mismo" (13, énfasis de Arendt; traducción mía).

La sesgada visión del proceso histórico en *La noche* es consistente con la visión del mundo escénico en su totalidad. La incapacidad por parte de los hijos de crear nuevos roles está enlazada con su inhabilidad de ir más allá de los viejos paradigmas históricos; su auto-definición (ya sea individual o histórica) depende de la eliminación del otro. El acto revolucionario de auto-gestación tiende a (con)fundirse con el acto misógeno: "el hombre" o héroe (siempre implícitamente masculino, como indica Teresa de Lauretis) debe abandonar o superar a la mujer. El Padre de Lalo, para llegar a ser un "hombre" auténtico, debería haber abandonado su casa y a su esposa. En cuanto a Lalo, la autonomía podrá llegar sólo a partir de una separación radical de los lazos paternales. El odio que siente Lalo hacia esos lazos se manifiesta como asco mutuo entre madre e hijo. Como en la metáfora de la cueva de Platón, la iluminación o sabiduría sólo son posibles cuando uno abandona la caverna uterina. La situación en la cual se encuentra Lalo nos muestra que es imposible imaginarnos nuevos roles sin también concebir nuevos paradigmas, nuevas maneras de pensar en conceptos como *origen, progreso, revolución* e *historia*.

La noche, por un lado, cuestiona el éxito de la revolución cubana para crear nuevos roles, nuevos modelos, un nuevo "Real." Por otra parte, también problematiza el rol del teatro en el proceso revolucionario. La obra proyecta dos direcciones teatrales: la lineal (o revolucionaria) y la circular (catártica, antirrevolucionaria). El fin deseado de la representación, los personajes afirman repetidamente, es "llegar hasta el final"; es decir, asesinar a los padres. En el contexto de la obra, este fin parece ser equivalente al proyecto revolucionario de eliminar el viejo orden autoritario. Esta construcción dramática lineal aparentemente refleja la visión revolucionaria del teatro como instrumento de lucha social; o sea, un teatro útil, instrumental. Pero co-existe una construcción dramática circular que socava la construcción lineal. La acción parece ser a la vez catártica y circular, destinada a liberar la tensión insoportable de los adolescentes a través de la repetida abreacción. Lalo consume su energía con sus obsesivas representaciones, que lo dejan incapaz de abordar acciones reales. La recreación teatral, para los adolescentes, es fundamentalmente otra forma de violencia ya que anula toda posibilidad de acción real. Los jóvenes están atrapados en ese círculo vicioso que los condena a "desempeñar roles en los cuales ellos ya no se reconocen a sí mismos . . . a llevar a cabo acciones que destruyen toda posibilidad de acción" (Levinas 21; traducción mía).

¿Teatro revolucionario o teatro antirrevolucionario? *La noche* compensa estas indagaciones acerca de la futilidad (y perniciosidad) de la acción dramática al proponerlas por medio del teatro. A pesar de la aparente imposibilidad de mantener una posición aparte u *otra* en un mundo totalizado, el carácter inconcluso y ambiguo de los hechos indica *otra* forma de ser. Al socavar las estructuras que nos permiten formular significados claros e inequívocos, la obra resiste asimilación. La obra es inconclusa, inacabada y, como tal, externa al mundo totalizador que retrata. La obra habla, pero la voz no emana de ningún cuerpo o sitio localizado. La obra se ausenta al hablar, y sin embargo, habla. Nos sugiere que la única manera de ser *otro* es por medio de la ambigüedad.

Pero, ¿por qué tanto énfasis en mantenerse *otro*? ¿Es solamente, como Barbara Johnson sugiere en *A World of Difference*, una estrategia para complicar la hegemonía política?: "Nada es más confortante para el orden establecido que el exigir que a todo le sea asignado un claro significado o posición" (30; traducción mía). ¿O también podría ser que al mantenerse aparte, *otro*, la obra puede plantear una tensión dialéctica con el mundo que retrata? Esta posición dialéctica puede parecer herética, poco razonable. Como Marcuse señala, el discurso revolucionario "parece ser tan prometedor y productivo como para resistir o absorber todas las alternativas. La aceptación—y aun la afirmación—de esta realidad parece ser el único principio metodológico razonable. Además, este [discurso] no excluye ni la crítica ni el cambio; todo lo contrario, la insistencia sobre el carácter dinámico del *status quo*, sobre sus constantes 'revoluciones' es uno de los soportes más importantes de esta postura. No obstante, este proceso dinámico parece operar interminablemente dentro de la misma estructura" (vii; traducción mía). Al ocupar una posición dialéctica la revolución no implica que la obra sea antirrevolucionaria. No implica tampoco que se oponga a la revolución sino al estancamiento de la revolución—de toda revolución. Al establecer una posición dialéctica, la obra defiende una tensión constante, una revolución permanente. Pero se entiende que los *castristas*, confrontados con semejante reto, optaron por el curso razonable, "útil," de eliminar los cuestionamientos subversivos, heréticos, dialécticos, lo que Marcuse llama "el poder del pensamiento negativo." Por eso, como Zamyatin señala, los herejes son "exterminados por medio del fuego, de las hachas, de las palabras" (108; traducción mía). Cuando la revolución no ofrece posibilidades de distancia crítica, cuando todos los discursos son subsumidos por el marco de la revolución, entonces es urgente encontrar *otro* espacio, aunque sólo sea un área de la ambigüedad.

La noche es un trabajo de arte revolucionario, pero no en el sentido en que los críticos pudieron reconocer. La obra plantea uno de los problemas centrales de la época respecto a la relación y compromiso entre la acción dramática y la acción social, pero no con una voz que se podría reconocer, ni desde una posición que se podría localizar. El "carácter" genérico y político de la obra (como los mismos personajes) desaparece detrás de su ventriloquia. No es una pieza dramática *útil* en el sentido aceptado de un "teatro revolucionario" que apoya sin ambigüedad la revolución. Por el contrario, los revolucionarios juzgaron que la pieza era nociva y perturbadora. Sin embargo, lo que perturba es precisamente el cuestionamiento de la revolución. Como Zamyatin concluye, "la literatura nociva es más útil que la literatura útil" (109). Y ya que *La noche* problematiza los límites estrictos del discurso revolucionario también fue considerada una obra destructiva. El pensamiento dialéctico, como Marcuse señala, es "necesariamente destructivo . . . porque revela modos y contenidos de pensamiento que trascienden los modelos codificados de uso y validez" (xii). Pero de la destrucción nace el potencial de cambio. Régis Debray observa en *Revolution in the Revolution?*: "Para un revolucionario, el fracaso es un trampolín. Como fuente de la teoría es más fructífero que el triunfo, ya que acumula experiencia y conocimiento" (23; traducción mía). ¿Qué es lo que hay que cambiar para que la Cuba castrista pueda evitar la repetición del sistema totalitario anterior? ¿Se pueden concebir nuevos discursos o nuevos roles sociales que conducirán a un futuro radicalmente diferente al pasado? Este era en verdad un cuestionamiento revolucionario, pero dentro del contexto definido de la revolución cubana fue también profundamente herético. Para Triana, como para Zamyatin, la literatura debe ser nociva, mientras más perturbadora y peligrosa, mejor. La literatura no debería estar dentro de la revolución sino al margen de ésta, cuestionándola, guiándola para que se puedan crear nuevos discursos e imágenes. Para Zamyatin en 1923, como para Triana en la década de los sesenta, lo que era necesario era una literatura capaz de explorar "los vastos horizontes filosóficos . . . necesitamos preguntar lo más fundamental, lo más temeroso, lo más intrepido '¿Por qué?' y '¿Luego qué?' " (109-10). Más que un texto "antirrevolucionario," yo diría que *La noche* es utópico, un texto revolucionario, un proceso dramático que intenta imaginar y construir un mejor "Real." Como el sótano/desván de la obra, este teatro es a la vez una imagen del mundo y el generador de nuevos mundos. Como observa Frederic Jameson, "nosotros debemos comenzar a pensar en lo Real, no como algo fuera del texto . . . sino como algo nacido y movilizado a través del texto mismo" (81). La repetición en *La noche* no es sólo una incesante representación de lo que ya existe, sino que también es un esfuerzo creativo y regenerativo de pensar un mundo nuevo.

NOTAS

1. Ver Fernández-Fernández, (38-39) y Román V. de la Campa (14).
2. Ver Anne C. Murch, "Genet-Triana-Kopit: Ritual as 'Danse Macabre,' " y Terry L. Palls, "The Theatre in Revolutionary Cuba."
3. Para una discusión más completa del tema, ver "Theatre and Revolution: José Triana," en mi libro *Theatre of Crisis: Drama and Politics in Latin America*.
4. Entrevista Triana/Taylor, *En busca de una imagen*, ed. Diana Taylor.
5. Ver Kirsten F. Nigro, "*La noche de los asesinos*: Playscript and Stage Enactment"; y Frank Dauster, "Game of Chance."

OBRAS CONSULTADAS

Arendt, Hannah. *On Violence*. San Diego: Harcourt Brace Jovanovich, 1970.
Artaud, Antonin. *El teatro y su doble*. Trads. Enrique Alonso y Francisco Abelenda. Buenos Aires: Editorial Sudamericana, 1964.
Barthes, Roland. *Camera Lucida*. Trad. al inglés Richard Howard. Nueva York: Hill & Wang, 1985.

Brown, Norman O. *Love's Body.* Nueva York: Vintage Books, 1966.
Campa, Román de la. *José Triana: Ritualización de la sociedad cubana.* Minneapolis: Institute for the Study of Ideologies and Literature, 1979.
Dauster, Frank. "The Game of Chance: The Theater of José Triana." *Dramatists in Revolt: The New Latin American Theatre.* Eds. Leon F. Lyday y George W. Woodyard. Austin: U of Texas P, 1976. 167-89.
Debray, Régis. *Revolution in the Revolution?* Nueva York: Grove Press, 1967.
"Declaración de la UNEAC." *Los siete contra Tebas* de Antón Arrufat. La Habana: UNEAC, 1968.
de Lauretis, Teresa. *Alice Doesn't: Feminism, Semiotics, Cinema.* Bloomington: Indiana UP, 1984.
Fanon, Frantz. *The Wretched of the Earth.* Trad. Constance Farrington. Nueva York: Grove Press, 1968.
Fernández-Fernández, Ramiro. "José Triana habla de su teatro." *Románica* 15 (1978-1979): 33-45.
Hegel, Georg W. F. *The Phenomenology of the Mind.* Trad. J.B. Baillie. Nueva York: Harper & Row, 1967.
Jameson, Frederic. "Of Islands and Trenches." *The Ideologies of Theory: Essays 1971-1986.* Vol. 2. Minneapolis: U of Minnesota P, 1988. 75-101.
Johnson, Barbara. *A World of Difference.* Baltimore: Johns Hopkins UP. 1987.
Levinas, Emmanuel. *Totality and Infinity.* Trad. Alphonso Lingis. Pittsburgh: Duquesne UP, 1979.
Marcuse, Herbert. *Reason and Revolution.* Boston: Beacon Press, 1941.
Mitchell, W.J.T. *Iconology: Image, Text, Ideology.* Chicago: U of Chicago P, 1986.
Murch, Anne C. "Genet-Triana-Kopit: Ritual as 'danse macabre.' " *Modern Drama* 15 (1973): 369-81.
Nigro, Kirsten. "*La noche de los asesinos*: Playscript and Stage Enactment." *Latin American Theatre Review* 9.1 (1977): 45-57.
Palls, Terry L. "The Theatre in Revolutionary Cuba." Tesis doctoral sin publicar. Universidad de Kansas, 1975.
Taylor, Diana, ed. *En busca de una imagen: Ensayos críticos sobre Griselda Gambaro y José Triana.* Ottawa: Girol Books, 1989.
_____. *Theatre of Crisis: Drama and Politics in Latin America.* Lexington: UP of Kentucky, 1991.
Triana, José. *La noche de los asesinos. 9 dramaturgos hispanoamericanos.* Vol. 1. Eds. Frank Dauster, Leon Lyday, George Woodyard. Ottawa: Girol Books, 1979.
Zamyatin. Yevgeny. *A Soviet Heretic.* Ed. y trad. Mirra Ginsburg. Chicago y Londres: U of Chicago P, 1970.
Vidal, Hernán. "Prológo," a de la Campa. Cita previa.

ORDEN, LIMPIEZA Y PALABRAS COMUNES: OTRA VEZ, LOS JUEGOS PROHIBIDOS

KIRSTEN F. NIGRO
University of Cincinnati

Entre sus coétaneos, José Triana ocupa un lugar muy especial, no sólo por la alta calidad de su obra y el impacto de ésta sobre el teatro latinoamericano en general, sino también por su éxito en escenarios mundiales. Triana no sólo es el primer dramaturgo de Latino América que haya sido montado por la Royal Shakespeare Company, sino el único que haya tenido esta suerte dos veces—con *La noche de los asesinos* en 1967, y más recientemente, con *Palabras comunes* (en inglés, *Worlds Apart*, 1986). Quien haya leído o visto esta última pieza, dividida en cinco partes, con numerosos cuadros que abarcan un plazo temporal de veinte años de historia turbulenta, con su familia en decadencia y telón de fondo de guerras civiles, intriga política y cambios sociales sísmicos, se preguntará si es posible enlazarla con aquella otra pieza, aparentemente tan diferente, la alucinatoria de Lalo, Cuca y Beba. ¿Es que tienen algunas palabras en común?

La respuesta es que sí, y que ellas son muchas. A pesar de las disimilitudes técnicas entre las dos obras—una esencialmente realista, la otra más bien expresionista—comparten una visión de mundo y un ideolecto teatral que las identifican como "trianescas," si se nos permite acuñar este nuevo epíteto. En *Palabras comunes* tanto como en *La noche de los asesinos* el conflicto básico es de hijos contra padres, del orden contra el caos, de la libertad contra la represión—sea ésta sexual, sicológica o política. El ritmo de ambas obras es el de un juego provocativo, que empieza despacio y llega a un crescendo casi orgásmico, para luego volver a la calma y otra vez al crescendo, y así de nuevo, hasta el final, que no es una resolución, sino más bien el comienzo de lo que parece seguirá repitiéndose. De ahí que, simbólicamente, la acción es más una masturbación, un alivio de tensión sólo temporáneo. Estas alusiones al sexo no son gratuitas, ya que en *Palabras comunes*, especialmente, éste es el jugo vital que destruye a casi todos los personajes, especialmente a los femeninos, y uno que es asociado con otra actividad o juego maligno —el de la política nacional.

La obra es circular, ya que termina con la misma escena con que empieza. Victoria, una mujer de 30 años cuyo rostro expresa cierta "exaltación y trastorno," entra en escena y se sienta en una poltrona. Al fondo se puede oír hablar a su madre, Carmen y a la amiga de ella, Juanita:

> CARMEN: Una mujer honrada, lo que se llama una mujer honrada es incapaz de hacer lo que hace Teresa.
> . . .
> JUANITA: ¡Pero los tiempos cambian, Carmen!
> CARMEN: ¡No! ¡Me niego, Juanita! ¡Me niego!
> JUANITA: Tus intransigencias las llevas a un punto . . .
> CARMEN: ¡Así es, quieras o no! (5)

Después entra Adriana, la hijita de Victoria; le pregunta a su mami si está mal, y ésta le dice que tiene un poco de jaqueca. Adriana le pide permiso para salir a jugar, y después de reunirse con otra niñas, se les escucha cantando fuera del escenario: "Me casó mi madre/Me casó mi madre/chiquita y bonita/ayayay/chiquita y bonita/con un muchachito/con un muchachito/que yo no quería/ayayay,/que yo no quería" (6).

Entre estas dos escenas, que funcionan como marco a la obra, se cuenta, retrospectivamente, la historia de Victoria y la de su familia, cuya tragedia ya está insinuada en la apertura de la acción. La obsesión con el honor, con la decencia, la intransigencia y falta de tolerancia, la espontaneidad juvenil que luego se agota, a la que le sigue el cansancio y la enfermedad—todos son leitmotivos en la narración de la caída de esta familia. La acción empieza en 1894, para terminar en 1914, años durante los cuales la familia pierde sus tierras y el estado socioeconómico que éstas le brindaban; años en que Alicia, la hermana mayor, se casa con José Ignacio, un militar arrogante que la deja sifilítica; años en que el padre se ensimisma tanto que pierde todo contacto con la realidad, para morir prisionero de sus alucinaciones; años en que la bella pero frígida Victoria se casa sin poder consumar el acto sexual sino hasta tener una relación ilícita con otro hombre, momento en que se le suelta de manera desquiciada toda su reprimida energía sexual, sólo para desembocar en el abandono y el aborto; años en que el hijo Gastón es rechazado por sus padres y por fin tiene que dejar a su familia y su país natal para vivir a gusto con su esposa francesa, pero en una Europa en vísperas de la Primera Guerra Mundial; años de inestabilidad política en que Cuba pasa de un gobierno a otro, de la dependencia española a la estadounidense; años en que sólo Teresa, la hermana deshonrada de José

Ignacio, adquiere una fuerza interior, y en que Gracielita y Pedro Arturo, merced a su trabajo y su agudeza financiera, van creando la nueva burguesía del "self-made man" que desplaza a los antes ricos de alcurnia. O sea, éste es el tiempo del caos que hace imposible mantener la fachada de orden y de limpieza tan cuidadosamente construida por la antigua oligarquía y por las "familias decentes," de las que Carmen tanto se vanagloria.

La historia misma de *Palabras comunes* es, sin duda, parte esencial de su fuerza dramática, pero también contribuye a ella su particular presentación teatral, en la que Triana logra imbuir de un fuerte simbolismo al mundo básicamente verosímil, o sea realista, de la obra. Esto lo hace principalmente con una serie de oposiciones, entre ellas la que también da forma a *La noche de los asesinos*: aquélla entre lo interior y lo exterior, entre lo que pasa adentro y afuera de la escena. La primera vez que esto ocurre es muy al principio de la pieza, después de que Carmen y su esposo Ricardo han hablado de la situación política en Cuba. El reconoce que va a haber algún desorden e insurrección, mientras que ella trata de negarlo o, por lo menos, de decir que no hay que preocuparse, que así siempre han sido las cosas: "Querido mío, desde que el mundo es el mundo, la política es un asco" (14). Esta conversación ha sido precedida por otra, en que a Gastón y a las niñas se les ha impuesto el silencio y el "orden," diciéndoles que salgan a jugar juntos, pero no con los niños del barrio. Carmen insiste en que ellos no deben asociarse con esa gentucha, que ni siquiera debieran ir a la escuela, que ella misma los educará como Dios manda. Así que cuando Ricardo habla de los estudiantillos, de los negros, mulatos y resentidos que andan agitando como fieras, ni él ni Carmen ven o entienden la ironía que se le presenta al público, en el momento en que "A fondo del escenario, en el oscuro, se adivinan las siluetas de Gastón, Victoria y Alicia, cantando alrededor de la fogata, con los brazos alzados, llevando unas candelillas" (14). Los signos visuales de la pantomima contradicen lo articulado verbalmente, ya que los juegos de los niños "buenos" evocan imágenes de los niños "malos," de los mambises y otros insurgentes que bailan alrededor de *sus* fogatas, ese fuego que ha llegado a ser metáfora de la destrucción revolucionaria (por ejemplo, en la iconografía popularizada de la Revolución Francesa, a la *Les misérables*). O sea, desde el principio de la obra, Triana hace imposible esa división tajante entre "nosotros" y "ellos" que Carmen y su clase social quisieran imponer; lo que nosotros el público vemos, y ellos no, indica que la familia no sólo no podrá escaparse de ese contacto, sino que deja entender que esa diferencia ni siquiera existe—que esta gente no es tanto más civilizada que los "bárbaros" de afuera.

Aunque el dramaturgo se vale de una técnica parecida a través de toda la obra, hay un cuadro cuyo efecto es extraordinariamente fuerte: el que viene al final de la cuarta parte de la obra, cuando la seducción de Victoria por su amante Fernando. Al comienzo de esta parte, vemos a Victoria, después de un año de casada, todavía incapaz de hacer el amor con su marido Joaquín. Pero al final del cuadro número 10, Victoria ya es otra, una mujer totalmente entregada a la pasión. Al principio, ella rechaza a Fernando, insistiendo, como siempre, en que es una mujer *honrada*, y reiterando el refrán familiar de *orden y limpieza* (tan recordativo del de *La noche de los asesinos*). Pero poco a poco, con palabras dulces y caricias eróticas, el juego "amoroso" se pone serio. Mientras les va subiendo la pasión a los amantes, afuera se oyen los "vivas" de una manifestación política, que va cobrando más y más energía, con trompetas, tambores, gritos y cantos. Cuando por fin Victoria se entrega, es como un estallido interior que tiene su eco en el "clímax grandioso," como lo llama Triana, afuera, en las calles de la Habana. Fernando violentamente despoja a Victoria del vestido; ella, apasionada, sumisa, le implora: "¡Acaba, Dios, acaba! Sus gritos y lamentos de placer se confunden con los cantos exteriores" (124).

Además de darle un ritmo verdaderamente excitante a estas escenas, semejante yuxtaposición de lo exterior y lo interior es como una taquigrafía escénica que expresa lo que viene a ser una de las claves de la obra: la idea de que Cuba y los cubanos se mueven como en un vaivén entre lo rígidamente represivo y lo explosivamente caótico, que no conocen el término medio, sino sólo los extremos del comportamiento humano. Imponen o demandan la "limpieza" exterior, tanto en la conducta social como en la política; por ejemplo, Meléndez, el colega de negocios de Ricardo, dice que "irán poniendo el orden poco a poco; eliminará[n] lo que debe eliminarse. La limpieza será un hecho. Una limpieza radical de anarquistas, bolcheviques, librepensadores que sólo sirven para minar la estabilidad" (85). Sin embargo, este parlamento lo dice durante la fiesta de bodas de Victoria y Joaquín, cuando casi todos los convidados se emborrachan; cuando José Ignacio se pasa el tiempo pegándole a Alicia; cuando una amiga, Luisa, en su borrachera y pasión, "emite unos rugidos de bestia en celo" (98). Esta, desde luego, es la representación irónica de una fiesta de la gente *supuestamente* "decente," la misma que quisiera imponer *su* orden no sólo en la propia casa sino también en la de todo el país.

Vemos así que el juego interior/exterior en *Palabras comunes* funciona para oponer lo que se *ve* en escena (la familia cubana) versus lo que se *escucha* o se *insinúa* fuera de escena (la sociedad cubana). A pesar de que el macrocosmos cubano es siempre un referente únicamente lingüístico, no por ello es insustancial, ya que se corporaliza en las divisiones y las jerarquías del microcosmos familiar. Es precisamente esta correlación entre el micro y el macrocosmos cubano lo que le permite a Triana explorar la naturaleza de otros juegos igualmente prohibidos y peligrosos; vr. gr., entre las razas blanca y negra; entre lo masculino y lo femenino; entre las clases sociales oligárquica y burguesa; entre las generaciones de los padres y sus hijos. Al igual que en *La noche de los asesinos*, la alienación generacional se expresa en los juegos particulares de cada una: los niños, con sus fantasías y vuelos imaginarios, que al ser ellos adultos se convierten en el ludismo del alcohol, del sexo, de la droga, de la política y del negocio sucio; o sea, con cada generacón se repite el mismo patrón, y así, empieza y termina *Palabras comunes* con el idéntico juego de niños, primero con la generación de Victoria y años después, con la de su hijita, Adriana. O por lo menos así parece ser dentro de su mundo familiar, ya que habría que subrayar que con Gracielita y Pedro Arturo—los nuevos burgueses—el trabajo y el consumismo vienen a ser nuevos juegos, que traen el bienestar económico, pero también, como lo reconoce el lector o espectador de hoy, con la ventaja de la perspectiva temporal, una nueva clase social cuyo egoísmo ha resultado comparable al de la otra clase dominante a la que reemplazan.

El juego racial en *Palabras comunes* es obsesionante, apasionante y terriblemente peligroso, especialmente para el joven negro que una noche se desnuda ante la joven Victoria, despertando en ella una fuerte atracción y repulsión sexual. Su castigo es el de morir en la batalla del Balneario, y el de ella el recuerdo de una pasión que sólo logra satisfacerse años después, en el frenesí del sexo adúltero. Como bien ha notado George Woodyard, *Palabras comunes* "es la historia de una familia blanca de clase media alta que desdeña a los pobres y especialmente a los que consideran inferiores" (178); léase, los negros y los mulatos, a pesar de o quizás debido a su fascinación sexual con ellos. Woodyard también señala que "[l]o que más atrae la atención es el aspecto sexual en combinación con el racial" (178), que no es sino la reiteración de un "acoplamiento," a la vez que antagonismo todavía constantes para el cubano: sexo y raza, blanco *versus* negro.

Pero por fuertes y destructivos que sean semejantes atracciones y conflictos, la energía vital que atrae y rechaza a los géneros (*genders*, en inglés), es la que llega a ser la más poderosa para los personajes de

Palabras comunes. Tal es la fuerza destructiva del juego hombre/mujer que no sorprende saber que el título original que Triana le puso a la pieza fue "Diálogo para mujeres." Pero hay una ironía brutal en dicho título, ya que las mujeres aquí tienen poca, si no ninguna oportunidad para entablar un verdadero diálogo entre ellas mismas y mucho menos con sus compañeros masculinos. Y cuando sí dialogan, sus palabras son comunes, en el sentido de que ayudan a pasar el tiempo, pero no a revelar el alma o a aliviar la pena interior.[1] Para estas mujeres las consecuencias de la opresión y violencia del mundo que habitan son inescapables, al colocarlas Triana en un espacio femenino débil, casi insignificante ante el espacio masculino, donde se juega a los billares, a la política y al sexo: "Un hombre, lo que se llama un hombre, primero en la cama . . ., y le mete a quien se ponga por delante" (52). Por su parte, el espacio femenino es donde se teje, se borda, se chismea, donde se habla de lo prohibido a la vez que se aprende a reprimir, a silenciar la urgencia sexual femenina; o sea, es un espacio donde se aprende, *malgré lui*, a ser una mujer ordenada, limpia y decente. Así, el dramaturgo pone bien de manifiesto cuán opresivo es el juego entre un espacio y un discurso "femeninos" y otros "masculinos," un binarismo que no sólo afecta los mapas mentales de los personajes así como los de sus referentes extrateatrales (los cubanos en general), sino también el mapa espacial del escenario mismo; por ejemplo, durante la fiesta de bodas de Victoria, donde "[e]n el lateral derecho, hacia el fondo, se encuentra una tienducha improvisada que hace el papel de cantina. En ese mismo lateral en la parte intermedia del escenario sobre un lujoso y alto arcón está colocado un fonógrafo de la época. Cerca del fonógrafo están sentados Ricardo y Menéndez bebiendo. En lateral izquierdo, mucho más cercanas al primer plano, están sentadas y también bebiendo Carmen y Juanita" (71).

En en el transcurso de *Palabras comunes* la zona entre estos dos espacios nunca logra cerrarse; de ahí la penosa ironía del nombre de Victoria. La única mujer en la obra que no parece sufrir *ninguna* derrota, tanto emocional como económica, es Gabrielita, la nueva mujer liberada de la naciente clase burguesa. Sin embargo, y otra vez con la perspectiva del tiempo, su victoria habría de ser más aparente que verdadera, o mejor dicho, más parcial que completa. Para completarse, Triana sugiere que será necesaria su participación política entera, la libertad y *voluntad* de entrar en ese mundo "sucio, desordenado, indecente." A primera vista pudiera parecer que el destino de estas mujeres es como ellas mismas lo perciben: como algo inherente a su biología femenina (o sea, inescapable). Pero *Triana* lo ve de otra manera, como el resultado mucho más de su exclusión de, o su aversión a la realidad política de su país. Es decir, no quieren o no pueden entrar en el juego que les daría algún poder sobre su destino personal y colectivo. Carmen es la primera en decirlo, pero casi todas ellas, en algún momento, lo reiteran: la idea de que la política es un asco; que es algo sucio que hacen los hombres, y que a ellas no les concierne. La única que no lo ve así—Gracielita—logra una vida mejor, tanto en el trabajo como en la cama matrimonial. Alicia, ya entrando en la demencia sifilítica, llega a reconocer que las honradas, las que no quieren ensuciarse, son tan contaminadas como los demás: "¡Sucias, feas! ¡Manipuladoras! Castradoras castradas. Las honradas, podridas hasta el tuétano. Y no somos diferentes de lo que nos rodea" (150). Pero este pudrimento no es sólo sexual; la castración no ocurre únicamente en la privacidad de la cama, sino también en el mundo público de la política que les está prohibida a las mujeres de esta obra .

En este contexto habría que señalar también otra dimensión al juego dentro/afuera en *Palabras comunes*—la de los significados implícitos y los explícitos, con lo que Triana nos dice que el espacio femenino/personal de la casa (donde tiene lugar toda la obra) no puede liberarse hasta que se relacione con ese otro, el espacio exterior donde se efectúa la historia nacional. Estas son las mujeres de un pasado que desgraciadamente sigue en el presente. En Cuba específicamente, se ha dado el fenómeno de "la mujer nueva," cuya identidad revolucionaria pública no coincide del todo con su realidad privada. Por lo menos, sin embargo, se ha dado allí un primer paso que en muchos otros lugares aún está por darse, donde sigue la mujer "limpia," o sea, bastante si no totalmente ausente del mundo masculino que determina su destino.

En un artículo de ya hace más de varios años, la que escribe el presente análisis argüía que en *La noche de los asesinos* el juego era más bien intra-textual, que los referentes no estaban tanto en la realidad exterior como en la realidad ficticia, o sea que eran mayormente metateatrales.[2] En el caso de *Palabras comunes* sería mucho más difícil hacer semejante argumento—la conexión con Cuba es evidente, insistente. Es esta intertextualidad lo que da su "sabor" cubano a la obra; y no la sensualidad o los ritmos dizque "caribeños" que pudieran señalarse ahí. Ahora, mirando hacia atrás, a ese otro ensayo nuestro, creemos haber errado al tratar de borrar totalmente esa conexión, al hacer de *La noche de los asesinos* una obra casi exclusivamente sicológica. Reconocemos ahora que el palimpsesto cultural sí está ahí, sólo que mucho más borroso que en *Palabras comunes*. Sin embargo, las palabras de ambas definitivamente tienen en común el fondo histórico del vivir cubano; Victoria, Alicia y Gastón son otra generación de Lalo, Cuca y Beba. Al proclamar que la sala no es la sala, que el inodoro no es el inodoro, éstos expresan la misma necesidad que aquéllos de liberarse, de tener desorden en su vida; sólo que lo hacen al jugar otros, pero no menos peligrosos juegos. Mientras que Lalo, Cuca y Beba siguen *ad nauseum* o *ad infinitum* sin poder salir de su prisión, los personajes de *Palabras comunes* se encierran o se pierden en el refugio de la locura, de la enfermedad, de la parálisis, de la droga o del alcohol. Su prisión, tanto como la de sus primos en *La noche de los asesinos*, es una de paredes concéntricas, construidas por la sociedad cubana en general, por el núcleo familiar y por el individuo mismo. No se escaparán de esta prisión hasta que hayan tumbado estas tres barreras; el final circular de *Palabras comunes* sugiere que desde la perspectiva de 1986, cuando terminó de escribir la obra, Triana había visto que todavía quedaban paredes por tumbar. Pero felizmente, con sus palabras, que son mucho más que comunes, el dramaturgo ha empezado a derrocarlas.

NOTAS

1. Woodyard ha sugerido que el título de "palabras comunes" también tiene que ver con el constante uso de clichés y de refranes: "¿Cuáles son las 'palabras comunes'? El motivo constante, repetido como un estribillo, es la *honra* de la familia en esta sociedad decadente. El tono coloquial deriva de un diálogo salpicado de expresiones comunes y trilladas. . . . Algunos ejemplos indican la frecuencia y la insistencia: *Dios castiga sin piedra ni palo* (4); *Siembra viento y recogerás tempestades* (3); *Cuando el río suena, piedras trae* (8); *La letra entra con sangre* (9); *A mal tiempo, buena cara* (15)." Además de estos ejemplos, Woodyard señala por lo menos otros ocho refranes que se repiten a través del texto. (Woodyard 180).

2. Véase "*La noche de los asesinos*: Playtext and Stage Enactment." Para un muy excelente análisis que es mucho más reciente y completo, en que se plantea en primer plano la problemática de la revolución, en general, y de la relación de Triana con la revolución cubana, véase Diana Taylor, "Theatre and Revolution: José Triana."

OBRAS CONSULTADAS

Nigro, Kirsten F. "*La noche de los asesinos*: Playtext and Stage Enactment." *Latin American Theatre Review* 11.1 (Fall 1977): 45-47.
Taylor, Diana. "Theatre and Revolution: José Triana." *Theatre of Crisis. Drama and Politics in Latin America*. Lexington: U of Kentucky P, 1991. 64-95.
Triana, José. "Palabras comunes." *Tramoya. Cuaderno de teatro.* 11 (julio-sept 1987): 3-170.

Woodyard, George. "*Palabras comunes* de Triana: [c]iclos de cambio y de repetición." *En busca de una imagen. Ensayos críticos sobre Griselda Gambaro y José Triana*, ed. Diana Taylor. Ottawa: Girol Books, Inc., 1989. 175-81.

"REVOLICO EN EL CAMPO DE MARTE": TRIANA Y LA FARSA ESPERPÉNTICA*

PRISCILLA MELÉNDEZ
Michigan State University

> ¿Hubo en el mundo mal trueco?
> ¿Pensó el diablo tal novela?
> En la invención de la tela
> verán como fue embeleco
> el pensamiento en que dio.
> Diz que tela pueda haber
> que la pueden unos ver
> claramente y otros no.
> Llega el legítimo y vela
> llega y no la ve el bastardo...
> Yo sólo la tela aguardo;
> veamos quién ve la tela.
> Porque si ella se ejecuta
> y la llegamos a ver,
> maldito el hombre ha de haber
> que no sea hijo de puta.
> Lope de Vega, *El lacayo fingido*

> The "dance of the millions" continued. On 12 May sugar stood at 19 cents. On 14 May it rose to 20 1/2 cents, on 17 May to 21 1/2 cents, on 18 May to 22 cents, and on 19 May 1920 to 22 1/2 cents.
> Hugh Thomas, *Cuba: The Pursuit of Freedom*

Matías Montes Huidobro, al comentar detalladamente el drama *Carnaval afuera, carnaval adentro* (1960) del puertorriqueño René Marqués, señala en torno al código teatral absurdista: "La paradoja trágica del absurdo es que se inicia como reacción anti-burguesa, pero como es *polisignificante* nunca responde a normas políticas estrictas. La pieza de

Marqués se aleja considerablemente de las connotaciones *implícitas* del lenguaje para hacerse *explícita* y funcional en muchos casos: por consiguiente, se aleja también de la normativa anti-doctrinal del absurdo cubano" (456, el énfasis es mío). El contraste que destaca Montes Huidobro entre *Carnaval afuera* y el absurdo cubano reside precisamente en el explícito desarrollo ideológico de la pieza de Marqués—aun cuando se vincula a la corriente absurdista—versus el carácter más implícito en términos didácticos o ideológicos de la expresión cubana. En el caso de la obra puertorriqueña, ésta responde con mayor énfasis a la temática socio-política y a la rigidez ideológica, mientras que en el absurdo cubano vemos cómo todavía hasta principios de la revolución el teatro refleja mayor pureza y fidelidad a la estética más tradicional del absurdo que se destaca por su carácter anti-doctrinal (Montes Huidobro 455-56). Pero lo que aquí nos concierne es que el énfasis en lo doctrinal y explícito—a diferencia de lo anti-doctrinal e implícito—, al alejar la pieza del carácter polisignificante de ésta y al inyectarla de una fuerte dosis de política, la distancia del desarrollo más tradicional del absurdismo hispanoamericano, cuyo aspecto central reside en la representación del caos de la realidad cultural, social y política de la América hispánica.[1] Al examinar *Carnaval afuera*, Montes Huidobro destaca el dogmatismo ideológico y las graves limitaciones que impone en el análisis literario la constante formación de elementales clichés:

> Muchos aspectos de la obra descansan en una relación pre-establecida entre el autor y el público. Esto crea una obvia distribución de personajes de carácter negativo y de carácter positivo . . . basándose en signos que se leen con escasas variantes en cuanto al significado. . . . [Los personajes] son en verdad abstracciones expresionistas anuladas sicológicamente y Marqués no se anda con sutilezas para que el significante tenga posibilidades múltiples de acuerdo con la caracterización de los mismos. (465)

Si como señala Montes Huidobro, "el absurdo es una clave escénica que funciona en oposición a la lógica" (455), entonces todo aquello que resulte predecible y premeditado (con excepción de la "propia lógica anticonvencional") se va a acercar demasiado a una forma de representación más directa, más mimética que generalmente es evadida por el teatro del absurdo.

Esta reflexión sobre una obra puertorriqueña con ribetes absurdistas y su contraparte, el teatro absurdita cubano, nos permite ver tanto el carácter plural del propio teatro del absurdo como el énfasis en lo múltiple, en lo heterogéneo, en lo polisignificante de la pieza del dramaturgo cubano José Triana. Por ello, no se trata exactamente de estudiar "Revolico en el Campo de Marte" a la luz de la corriente absurdista—que tan importante papel ha desempeñado en la dramaturgia hispanoamericana contemporánea y en la producción dramática del propio Triana. Se trata más bien de recurrir a esa polisemia conceptual y lingüística del absurdo, que en el caso de "Revolico" resulta en una estructura de opuestos, de polos que se rechazan y polos que se atraen, de esquemas duales y con frecuencia antagónicos que desembocan en el enredo y la farsa, pero que a su vez sugieren una postura crítica ante la realidad socio-política tanto del pasado como del presente cubano.[2] Es decir, pretendemos establecer un paralelismo entre el carácter paródico y farsesco de la pieza de Triana y la pluralidad de niveles y significados que caracteriza la corriente del absurdo donde coexisten en un plano implícito tanto el énfasis en lo formal como en los aspectos sociales (con sus ramificaciones políticas) que permean la acción.[3] "Revolico," al igual que *Carnaval*, sí se aleja de la mayor pureza y fidelidad a la estética del absurdo—cultivada principalmente antes del período revolucionario—, pero lo hace dentro de un marco dramático donde *no* se pasa de lo implícito a lo explícito, de lo estético a lo ideológico, sino donde el juego entre estos dos extremos o estructuras antagónicas se convierte en la razón de ser de la obra. El acierto de la obra de Triana reside precisamente en la creación de un incesante contrapunteo entre *revolico* y *revolución*, entre la ridiculización de unos esquemas sociales y una conducta frívola por parte de los personajes que representan distintos sectores de la sociedad, y su inevitable vínculo con las serias consecuencias del acto político más importante en la historia cubana del siglo XX: la Revolución de 1959.

La revolución ha sido tema importante en la dramaturgia de Triana, y en su artículo "Framing the Revolution: Triana's *La noche de los asesinos* and *Ceremonial de guerra*," Diana Taylor logra ofrecer una renovada y mucho más compleja visión de la teatralidad de la revolución, de la potencial revolución teatral, y del teatro de temática revolucionaria en la obra del dramaturgo cubano: "[These two plays] are particularly interesting in that they are among the first works to raise the most urgent questions about the nature and meaning of revolution from within the frame of the revolutionary movement itself" (83). Pero es precisamente en "Revolico en el Campo de Marte" que ciertos aspectos de la revolución son representados utilizando una serie de códigos dramáticos (la farsa, el absurdo, la comedia de enredos, etc.) que parecen despojarla de su carácter trascendente, para insertarla entre múltiples discursos antagónicos a nivel cronológico, ideológico y artístico. La pieza no fluctúa únicamente entre lo absurdo y lo fársico vs. la crítica sociopolítica, sino que en términos cronológicos "Revolico" también parece fluctuar entre la Cuba de principios del siglo XX (1900), el período de la llamada "danza de los milliones," la propia revolución de 1959, y las décadas posteriores—particularmente la de los setenta—donde sí parecen repetirse algunas de las más negativas actitudes que prevalecen medio siglo antes: aburguesamiento de la sociedad, corrupción política y económica, degradación moral, pero sobre todo, desilusión ante las grandes expectativas que antes forjara la independencia cubana y la ideología martiana, y ahora la revolución castrista.

En esta pieza de tres actos—cada uno de ellos internamente dividido en cuadros—y escrita en verso, Triana dramatiza, dentro del contexto de la comedia, la historia de una serie de "parejas" de esposos, amigos, hermanos y amantes, entre otras muchas y problemáticas relaciones, que reflejan el desfase y la desarmonía de ciertos vínculos sociales. Luis, quien está casado con Alicia, mira con lujuria a Anita, la criada, pero termina enamorándose de Magdalena, con quien Enrique está a su vez infatuado, sin antes mirar éste con deseo a Marieta, quien a pesar de estar casada con Enrique, se siente atraída por Renato. Benjamín, hermano de Luis, parece tener interés en Alicia, la esposa de éste, pero antes de terminar en brazos de Magdalena, coquetea con Anita, la criada, de quien Felo, el criado, está locamente enamorado. Este evidente caos, repleto de celos, encuentros furtivos y mascaradas, de emboscadas, de exagerada sexualidad y evidentes engaños, se complica con la presencia de Rosa, la santera, quien a instancias de Magdalena, prepara un hechizo que despertará el deseo de Luis hacia ella, y en última instancia, incitará a los personajes a la guerra del sexo, disfrazándose este último de amor. Es en la singular figura de Rosa donde se funde la caracterización tradicional del personaje celestinesco y el elemento afrocubano, al enlazar los esquemas sociales y formales de las comedias del Siglo de Oro español con uno de los aspectos más significativos y complejos del sincretismo cultural y religioso cubano. La santería cubana, que responde a la coexistencia de formas y fórmulas tanto de la herencia africana como del ritual católico impuesto por la tradición española, inyecta la pieza de Triana de un cierto sincretismo literario y cultural que dentro de un marco farsesco se convierte en un suculento "ajiaco" donde comparten un mismo espacio estructuras heterogéneas y en apariencia antagónicas.[4]

Al final de la obra, ocurre un inesperado cambio de parejas de enamorados, y los hechizos—reales o ficticios—parecen haber cobrado vida propia al seguir sus particulares rumbos y caprichos: Luis, quien deseaba a Magdalena, termina enamorándose súbitamente de Marieta;

Enrique, que buscaba vengarse de su infiel esposa Marieta, se queda con Anita, la criada; y Felo, quien inicialmente iba tras Anita, termina admirando y consolando a Alicia. Señala este último personaje:

> Alicia.- ¿Qué pasa? ¿Estamos soñando
> acaso el sueño de un loco?
> ¿O los hechizos cambiaron
> y dislocaron antojos?
> ¿O nuestros ardides fueron
> máscaras de otros rostros
> que no pensamos ni vimos
> entrecruzarse en azoros? (III: 127)

La indescifrable, irrisoria y absurda realidad de la pieza, que desemboca en un constante redescubrimiento de relaciones amorosas, queda matizada por el sinsentido, el carácter desaforado y alocado de los personajes, la posibilidad de que todo sea un mal sueño, el efecto de los hechizos, la trivialización del "verdadero" significado del amor, la exaltación del deseo, y el prevalente papel que desempeñan las máscaras y disfraces tanto en un plano literal como metafórico.

Pero esta trama complicada y humorística también revela otras facetas un tanto más problemáticas que van más allá del mero enredo amoroso y el continuo intercambio de parejas. La alusión directa e indirecta en "Revolico en el Campo de Marte" a ciertos códigos, textos y estructuras sociales, culturales y artísticas que definen la pieza, establece un fuerte contraste con el sucesivo desmantelamiento en escena de estos mismos códigos, textos y estructuras. Es decir, reconocemos en esta farsa esperpéntica no sólo las fórmulas y convenciones de una comedia de errores con su respectivo carácter grotesco, sino el diálogo paródico y desconstructivo de un texto que conoce a fondo su propia historia literaria, cultural y social. La evidente alusión a la comedia de enredos y a la de capa y espada del Siglo de Oro (con su uso del verso), al papel de la literatura antiesclavista decimonónica, y al teatro bufo cubano de los siglos XIX y XX con su particular caracterización del lenguaje y la sociedad, así como a la herencia religiosa africana, y al papel del dinero en contraste con los parodiados códigos del amor (recordemos la llamada "danza de los millones" de 1917 y el ambiente de corrupción e inmoralidad que existe dentro del gobierno y la sociedad cubana) evidencian el conocimiento profundo que posee la pieza de su propia tradición y de su origen teatral, político y social. La tematización de estas fórmulas y convenciones requiere no únicamente cierto (re)conocimiento y familiaridad por parte del receptor del material presentado, sino que estos códigos dramáticos y socio-políticos terminan sometiéndose a un escrutinio crítico no muy vedado y a una inevitable y devastadora parodización. Por ejemplo, el acto de teatralizar formas del pasado artístico dentro de un marco moderno encaja con el énfasis en la simultánea armonización y tensión entre estructuras disímiles, opuestas, en donde coexisten lenguajes, ambientes, personajes y tramas, que forman parte de distintas épocas y tradiciones. Ante la posible disyuntiva de caracterizar la obra como homenaje o como parodia, como recuperación o como crítica a discursos artísticos del pasado, la obra parece optar por ambos extremos precisamente como muestra de su carácter dual, fluctuante y desconstructivo. Reconocemos de inmediato el énfasis en la pluralidad de significados y ángulos de visión que propone el absurdo y que en "Revolico" aparecen como un *collage* de palimpsestos e intertextos que desenfocan y desarticulan el plano más literal de la acción que identificamos con la comedia de enredos, pero que a la vez le dan profundo sentido a la obra a través del uso de la farsa.

Por ello, aún cuando la pieza de Triana no dramatiza de forma escueta la tensión entre un lenguaje implícito, característico del código del absurdo, y uno explícito, asociado con la realidad contextual y/o didáctica del teatro, tomamos como punto de partida para el análisis un esquema bipartito y plural, que sugiere un sistema de contradicciones dramáticas, conceptuales e interpretativas. La posibilidad de reconocer en la pieza aquellas estructuras que atentan contra la propia coherencia y desarrollo temático de ésta, sugieren cierta conciencia por parte de la obra de su carácter paradójico y paródico, de su antagonismo interno y externo que se manifiesta a través de la dramatización de parejas de opuestos, de la teatralización de planos en apariencia inconexos.

Indagamos, pues, cómo "Revolico en el Campo de Marte" somete a escrutinio los códigos tradicionales del lenguaje que se traducen en una insistente caracterización de lo dual a través de parejas que se excluyen: amor/dinero, hombre/mujer, revolución/revolico, bien/mal, esposos (Alicia/Luis, Enrique/Marieta), criados (Anita/Felo), hermanos (Luis/Benjamín, Magdalena/Renato), y toda una serie de posibles y atrevidas combinaciones. Pero en el caso de esta pieza, la evidente dicotomía no pretende poner tanto de manifiesto el significado de los extremos sino la vaciedad (oquedad) de ese espacio intermedio del lenguaje y la existencia. Por ejemplo, la hiperbólica y falsa concepción del amor que presenta "Revolico" queda paradójicamente contrapuesta y vinculada al problemático valor del dinero. Estos dos elementos en esencia antagónicos—que en niveles distintos pueden representar estructuras de poder y que son capaces de sacar a la luz sus múltiples máscaras—logran fundir sus conflictivas realidades, y confundir y entremezclar el papel que cada uno desempeña en la vida de los personajes. Por eso, aquello que la pieza denomina y caracteriza a primera vista como *amor*, es más bien deseo, amor físico, sexo. Señala el Sastre en la escena final a modo de moraleja: "Y si el dinero entorpece,/ más envilece la guerra/ del sexo que se disfraza/ del amor en su contienda" (III: 129, mi paginación). Vemos cómo, por encima del dinero y el amor en su sentido más puro y abstracto, existe el disociador amor físico y la lucha entre los sexos. Pero el antagonismo que ocurre se da más bien entre dinero y amor, no tanto entre dinero y sexo, cuyas respectivas fuerzas desarrollan en "Revolico" vínculos bastante estrechos. Con frecuencia, los deseos (y caprichos) de los personajes sólo pueden ser cumplidos a través de la remuneración económica a algún intermediario, quien intercederá con subterfugios y trucos.[5] Pero incluso el poder del dinero parece tener sus propios límites y efectos:

Benjamín: ¿Es el dinero la causa
del grotesco quita y pon
o sirve de colofón
o es el barniz de una pausa?
Si es así, ¿por qué desgrano
obstinados resquemores? (II: 53)

Luis: ¿Será que el dinero ablanda
y prostituye los sesos
en odiosa zarabanda? (II: 54)

Es justamente dentro de un ambiente de desorden, de ausencia de valores, de excesivo histrionismo, de conflictos raciales y sociales, de corrupción política, de intrigas y enredos amorosos, que recurrimos a una de las manifestaciones teatrales más importantes en el desarrollo dramático cubano: el bufo. La presencia de intertextos y la implícita y explícita alusión a esquemas artísticos del pasado nos remite, entre otros, al fenómeno del bufo cubano, que tiene su impulso inicial a finales de la década de 1860 en la Cuba colonial, que se encontraba económica y políticamente en crisis. Aún cuando "Revolico en el Campo de Marte" explora de forma distinta el aspecto jocoso y paródico, y aún cuando reconocemos que incorpora ciertos esquemas característicos de la comedia siglodeoresca, no es factible pasar por alto algunas de las estructuras paralelas—*mutatis mutandis*—que la obra de Triana comparte con el bufo cubano. La definición que ofrece Rine Leal de este fenómeno teatral nos parece en extremo iluminadora:

Es un género musical y bailable, paródico, popular, desacralizador de los grandes temas del pasado, caricaturesco, ausente de empaque moralista, reflejo de lo cotidiano, historia de las gentes sin historia, escena de circunstancias, sátira y choteo, sin afán literario, carente del deseo de inmortalidad, escena más que texto, intención más que literatura. (23)

En mayor o menor grado, algunos de estos elementos definitorios del bufo cubano corresponden a la naturaleza farsesca, paródica y caricaturesca de la pieza de Triana. El carácter popular del lenguaje ("tremendo vacilón," "ninfa pitoflera," "vieja pelleja," "cabeza de pirulí," "pan de piquito") y la ridiculización de las relaciones sociales y de los sentimientos amorosos coinciden con algunos de los fundamentos temáticos del bufo cubano—que por otro lado, también experimentó en su época cambios y transformaciones. Aún así, es necesario reconocer la indirecta alusión al teatro bufo en la obra de Triana como máscara que pretende exhibir su supuesta ausencia del "empaque moralista." Es decir, la pieza retoza con sus múltiples y contradictorias identidades, posturas y lenguajes ante la realidad artística y social escondiendo y revelando simultáneamente niveles de interpretación y de crítica. El evidente tono satírico de "Revolico" y la teatralización de personajes por lo general intrascendentes ("historia de gentes sin historia") revela la preocupación de la obra por los esquemas populares tanto literarios como sociales: el uso de verso octosilábico, el tono antididáctico, el reciclaje de figuras populares de la tradición literaria, la caricaturización de los niveles socio-económicos y raciales de los personajes, y la postura iconoclasta ante los grandes temas del pasado, siendo éstos sustituidos por escenas, temas y personajes estereotipados y ridículos. Por ejemplo, desde una perspectiva social y racial, identificamos en la pieza de Triana la presencia de un grupo de rufianes—entre ellos un curro—que destaca el ambiente bufonesco (popular) e incluso violento de la obra. Vemos en "Revolico" cómo Enrique, sargento de barrio, se dispone a reunir a sus compañeros para vengarse de la infidelidad de Marieta, su mujer, quien se ha marchado con Renato. Entre sus amigos, se encuentra Curro, a quien identificamos de inmediato con el *negro* pendenciero, personaje real y literario de la Cuba decimonónica. No resulta casual que tomemos precisamente de uno de los textos más representativos e influyentes de la cultura y la literatura cubana—*Cecilia Valdés* (1882) de Cirilo Villaverde—la definición del curro, pues más adelante veremos que es también en esta novela donde aparece como frecuente escenario de violencia el llamado Campo de Marte. Nos dice el narrador del texto de Villaverde sobre el curro:

> Trazamos ahora aquí con brocha gorda, la vera efigie de un *curro* del Manglar, en las afueras de la culta Habana, por aquella época memorable de nuestra historia.... Es, ni más ni menos, el negro o mulato joven..., matón perdulario, sin oficio ni beneficio, camorrista por índole y por hábito, ladronzuelo de profesión, que se cría en la calle, que vive de la rapiña y que desde su nacimiento parece destinado a la penca, al grillete o a una muerte violenta. (246)

En el caso de "Revolico" durante la escena en que Benjamín es capturado por los rufianes, Curro es quien, mientras bebe, da órdenes a sus amigos y agrede a Benjamín a latigazos, mostrando así su mala sangre y su carácter violento (III: 114). Pero más significativo aún es establecer un vínculo entre este personaje y un espacio particular donde prevalecen las acciones violentas. El acto tercero de "Revolico" tiene lugar en su totalidad en el Campo de Marte, siendo aquí donde alcanzan su máxima expresión los enfrentamientos físicos y las intrigas entre los antagónicos y volubles personajes. Parecería posible establecer, entonces, una relación causal entre los actos de violencia que permean la obra, la presencia del curro y la acción o revolico que se desarrolla en el Campo de Marte como reveladora de un particular ambiente social e incluso racial. La tramoya farsesca y un tanto esperpéntica en donde la agenda de cada cual resulta opuesta y a la vez similar a la del otro (conquistar a alguien del sexo opuesto, que a su vez desea conquistar a otro u otra), reproduce un espacio donde el cambio de orden, la revuelta, la revolución, o mejor, el revolico, se convierten en símbolo social y en representación de unas particulares estructuras morales y sociales. Bajo esta misma caracterización, tampoco resulta casual que en *Cecilia Valdés* muchas de las escenas entre personajes de las clases sociales más bajas (compuestas por mulatos y negros) estén vinculadas al Campo de Marte y en ocasiones a la presencia de curros y de sus actos de violencia.[6] Pero sobre todo, tanto en "Revolico" como en *Cecilia Valdés* las disputas son provocadas con frecuencia por la atracción hacia una mujer, el desaforado deseo sexual y los celos. En última instancia, la dimensión desacralizadora que hemos mencionado antes y que vemos en "Revolico" resulta de la esperpéntica coexistencia de estructuras literarias, culturales y sociales que han evocado lo farsesco en distintos momentos de su historia y que producen efectos de ruptura y desconstrucción, y a la vez de armonía y referencialidad.

Por otro lado, el contraste semántico (pluralidad de significados vs. ausencia de sentido, lo implícito vs. lo explícito, lo metafórico vs. lo literal, lo político vs. lo literario, lo trágico vs. lo cómico) se manifiesta igualmente a través de la caricaturización del lenguaje, los personajes y el medio comunicativo. Sobre éste último, reconocemos cómo el carácter seudo-poético—y por ende paródico—de la obra queda dramatizado al ser escrita mayormente en versos octosilábicos esporádicamente interceptados por sonetos endecasílabos, también de dudoso valor literario. La evidente evocación que hace la pieza de Triana de las comedias del Siglo de Oro—además del inevitable vínculo que podemos establecer con las farsas valleinclanescas y lorquianas—nos remite al carácter popular, jocoso, farsesco y un tanto anacrónico del uso del verso. Señala Charles Aubrun en torno a la preferencia del verso en la comedia española del siglo XVII:

> Nada hay de sorprendente en ese total rechazo de la prosa como vehículo de la expresión dramática. En primer lugar, el teatro español es a la vez tragedia y comedia: entre el verso tradicional de la una y la prosa posible, pero no obligada de la otra, la balanza se inclina hacia el modo más elevado y más patético. En segundo lugar . . . [la comedia] va dirigida a un público en su mayoría analfabeto, aunque muy cultivado. El verso les resulta fácil de retener. . . . Finalmente, el verso acentúa el efecto de distancia entre la realidad y la ficción, entre la sala y la escena, entre la vida y su transposición . . . a la aventura dramática. (31-32)

La versificación en "Revolico en el Campo de Marte," además de evocar el tono de las comedias de capa y espada y de enredos, crea un ambiente popular y farsesco que dialoga y a la vez parodia los más importantes esquemas de la literatura, la cultura y la sociedad cubanas. La musicalidad del verso octosilábico—que por cierto, el bufo cubano entremezcla con la prosa—caracteriza el tono popular, rítmico y desacralizador que recrea la pieza de Triana. En ésta, la interacción e intercambio entre los personajes reproduce un ambiente donde el aspecto musical y los movimientos pantomímicos se convierten en emblema del lenguaje y la acción. Reconocemos, entonces, la función dual que ejerce el uso del verso: por un lado, evoca y teatraliza importantes esquemas literarios tanto de la tradición hispánica como de la afrocubana y popular, y por otro, parodia esos esquemas al recontextualizarlos dentro de una trama absurda y dentro del teatro y la sociedad cubana contemporánea. Como ya había logrado Valle-Inclán a través de su ciclo de farsas en verso, Triana funde lo sentimental y lo grotesco, que en la producción de ambos dramaturgos terminan complementándose y contrastándose mutuamente y que se refleja descaradamente en el uso del lenguaje (Ruiz-Ramón 111). Al reflexionar sobre el lenguaje en las farsas de Valle-Inclán señala Ruiz Ramón: "El lenguaje achabacanado y de achulada degradación responde a una norma estilística que es, naturalmente, no sólo reflejo del mundo degradado que el autor presenta en la escena, sino también instrumento máximo de distanciamiento entre el autor y su mundo dramático" (114). En última instancia, ese efecto distanciador que provoca el uso del verso entre realidad y ficción, coloca la atención del drama en la propia temática teatral, es decir, en el disfraz de los personajes, en sus máscaras, en su lenguaje seudo-poético y farsesco, en el juego de movimientos, y en la propia caricaturización de la violencia como medio de cuestionar el propio sistema social y político que a su vez sustenta la estructura artística.

Recordemos, por otro lado, que el género farsesco implica de por sí una estructura de naturaleza contradictoria, pues es capaz de caracterizar—a través del lenguaje, los gestos, la caricaturización—tanto un mundo carente de significado ulterior como la mordaz crítica de ese mismo mundo ausente de significado. La ruptura o distorsión a través de la farsa de los rituales sociales que nos son familiares aparece representada en "Revolico" por medio de la parodización del amor, de las relaciones "amorosas" y de las jerarquías sociales:

> Farce does at least two things with, and to, [familiar social rituals]. It borrows or recreates it from life, rigidifying it, making it look exaggeratedly schematic, and therefore ludicrous. . . . Farce will then often subvert the ritual, giving it an unforeseen, disorderly ending. Art is said to pluck order out of chaos. Possibly so, but in farce the orderly ritual has a way of degenerating into chaos. (Bermel 8)

Es precisamente el rampante caos amoroso el que predomina a lo largo de la obra y el que incita tanto a Alicia como a Felo a disfrazarse de hombre la primera y de mujer el segundo, como estrategia para que sus deseos amorosos se conviertan en realidad. De inmediato reconocemos en el truco del disfraz la mencionada evocación a la comedia del Siglo de Oro, pero sobre todo, podemos identificar el juego de identidades que pretende destacar este recurso como una de las constantes preocupaciones de la realidad, la cultura y la literatura cubanas.[7]

Paralelamente, nos acercamos a la corriente esperpéntica como medio de conjugar esta expresión con el carácter desconstructivo de la pieza de Triana, tanto a nivel de la estética del absurdo y del género farsesco, como de las dimensiones existenciales y sociales que logran ser desmanteladas a través del acto dramático. Al referirse al esperpento, la crítica lo ha identificado con términos como "distanciamiento," "teatro del absurdo," "teatro antitrágico," "visión degradadora," entre otros (cf. Ruiz Ramón 118). Pero lo que nos interesa de esta manifestación artística al examinar "Revolico en el Campo de Marte" es la visión de un mundo dominado por la contradicción, que a su vez sirve como instrumento tanto de evocación como de desmantelamiento de esquemas artísticos y culturales del pasado y de esquemas sociales y políticos del presente posrevolucionario. En el caso de la pieza de Triana el nuevo resultado o producto es un híbrido en donde el homenaje y la parodia, lo viejo y lo nuevo, el amor y el sexo, lo ridículo y lo "sublime," la atracción por la revolución pero también por el dinero coexisten en un sólo espacio.

Por ello, la posibilidad de desenmascarar el carácter de evasividad tanto de la corriente farsesca como esperpéntica en "Revolico en el Campo de Marte" nos invita a examinar el acto de agresión estética que alcanza Triana a través de su obra y que conduce al desenmascaramiento de otras agresiones de carácter formal (genérico), psicológico y político. Pero estas agresiones quedan enmarcadas dentro de un ambiente en esencia ridículo que pone de relieve la naturaleza contradictoria del acto creativo, del objeto creado y del contexto que lo crea (es decir, de la realidad histórica tanto de los personajes—la Cuba de 1900—, como la del propio Triana—la Cuba de principios del setenta). La visión de "Revolico" como reconstrucción (homenaje vs. parodia) de formas y fórmulas del pasado histórico-literario, como farsa esperpéntica, y como implícita y parcial expresión del absurdo hispanoamericano pretende subrayar la tragicómica desconstrucción de estructuras teatrales, políticas y sociales a través de la propia construcción dramática. El énfasis en la dualidad de esquemas y en la contraposición de estructuras lingüísticas, culturales, literarias y sociales pone de relieve el simultáneo acto de crear y recrear y el de parodiar y desmantelar aquello que ha sido construido. La realidad del arte—qu en este caso resulta paralela a la realidad socio-política cubana—aparece entonces como una de opuestos, de extremos, de exageración, de contradicciones, que dramatiza sus propios conflictos a través de malabarismos entre estructuras contrastivas:

Sastre.- Y la realidad es como un río
y en tu sueño su realeza
de razón y sin razón
urde castillos de fiesta.
La máscara da un sentido
a tu proverbial extrañeza
de ser y estar, porque el tiempo
es la máscara que sueña
y que te viste los huesos
en su variable estridencia,
y ser y estar es lo mismo
que el tiempo que desencerra. (III: 128)

Tanto el aspecto artístico como los ambientes socio-políticos cubanos que evoca la pieza (1900, 1917, 1970) se convierten en espejos capaces de revelar el mayor número de ángulos posibles desde donde observar —y sobre todo juzgar—las múltiples, ambiguas y contradictorias realidades que la obra recrea y parodia. El carácter farsesco de la pieza de Triana parece querer revelar su papel de camaleón, es decir, intenta aparentar todo lo que no es, para terminar siendo un conglomerado de apariencias y evasiones de lo que bien podría ser: juego teatral, crítica del presente revolucionario cubano, reflejo del carácter cirucular e irónico de la historia, imitaciones paródicas del pasado literario, entre otras cosas. El acto de desenmascaramiento en "Revolico en el Campo de Marte" no implica necesariamente la perpetuación de un nuevo rostro (cf. Ruiz-Ramón 126), sino más bien la constante incertidumbre de aquellas estructuras subyacentes (lingüísticas, dramáticas, sociales y políticas) que continuamente van a exigir ser reveladas, interpretadas y en última instancia, desplazadas—aunque no necesariamente sustituidas.

NOTAS

*Gracias a la gentileza de la colega Diana Taylor, de Dartmouth College, tuve acceso a una copia del manuscrito de Triana. Al estar éste sin numerar, procedí a hacerlo, y es esta numeración la que utilizo en mi texto, precedida por el número del acto. El manuscrito indica que la pieza fue estrenada en forma de lectura el 4 de diciembre de 1981, en el Warner Bently Theater de Dartmouth College, bajo la dirección del autor, e interpretada por los alumnos del Curso de Español. El propio Triana me informó que escribió la obra a principios de la década de los setenta.
1. Cf. Daniel Zalacaín, *Teatro absurdista hispanoamericano*.

2. El propio Triana ha señalado informalmente cómo la obra pretende evocar dos instancias o actitudes paralelas en la historia social, económica y política cubana: la creación de un ambiente social aburguesado que cobra fuerza a partir de 1917 durante la llamada "danza de los millones," y una nueva pequeña burguesía altamente burocratizada (el equivalente cubano de la "nomenklatura rusa") creada por el propio Castro a principios de la década de 1970. En torno a este primer momento histórico señala Hugh Thomas en *Cuba: The Pursuit of Freedom*: "Menocal reigned for another four years also, more or less as a dictator, governing largely by decree, drawing huge private profits for himself and his family, while Cuba itself embarked on a drive for unprecedented wealth—1917 was the year when the great new sugar plantation of Oriente began to bear fruit for the first time" (531). Por otro lado, señala Franklin Knight en torno al desarrollo económico de la primera mitad de los setentas: "Orthodoxy in the 1970s paid handsome economic dividends.... In the mid-1970s, with consumer lines shortening, the Cubans had good reason to believe that they had turned the corner. For one brief shining moment it seemed that the good times had finally arrived, justifying the revolutionary sacrifices of a decade" (250-51).

3. Sobre el desarrollo del absurdo cubano, Montes Huidobro aclara cómo a partir de la revolución este teatro comienza a resultar sospechoso y va perdiendo terreno al no reflejar los objetivos del nuevo movimiento social, político y económico (457). Cabe señalar que el aspecto del absurdo ya ha sido examinado en otras piezas importantes de Triana como *El Mayor General hablará de teogonía* (1957) y *La noche de los asesinos* (1965).

4. En su excelente libro *The Cuban Condition: Translation and Identity in Modern Cuban Literature* (1989), Gustavo Pérez Firmat comenta el uso metafórico que Fernando Ortiz le dio al ajiaco y que, a su vez, él utiliza, conjuntamente con el concepto de transculturación, como ingredientes esenciales para explicar la condición cubana: "[W]orks of critical criollismo willingly get caught up in a *contrapunteo* between the native and the foreign. The best among them ... find interesting and innovative ways of resolving the counterpoint, of having their *comida* and eating it too. Fittingly enough, Fernando Ortiz imaged the results of process with a culinary metaphor: the *ajiaco*, a Cuban stew characterized by the heterogeneity of its ingredients. In the best cases, the translational, contrapuntal performances of critical criollism produce a savory linguistic and literary *ajiaco*: food for thought, words of mouth" (10).

5. Recordemos nuevamente el irónico paralelismo que intenta establecer Triana entre la Cuba del tercer lustro del siglo XX con su característica corrupción gubernamental, su despilfarro económico y su decadencia moral, y la Cuba revolucionaria de la década de los setentas.

6. Utilicemos como ejemplo la escena donde un curro de Manglar, llamado Malanga, se encuentra en la zona del campo de Marte a Dionisio Jaruco, quien ha recibido una herida de cuchilla a manos de Pimienta por haber agraviado a una mujer, Cecilia Valdés. Tanto el baile de la "gente de color" de donde provienen los personajes y en donde se suscita la ofensa a Cecilia, como la lucha entre Pimienta

y Dionisio tienen lugar precisamente en la zona del campo de Marte (Segunda Parte, cap. XVII).

7. Mencionamos sólo dos ejemplos de comedias del Siglo de Oro que utilizan la técnica de disfrazar del sexo opuesto a algunos de sus personajes como medio de alcanzar la aceptación o el favor amoroso: *La villana de Vallecas* y *Don Gil de las calzas verdes*, ambas de Tirso de Molina. Sobre este "cambio de vestimentas" es pertinente mencionar el enmascaramiento de las deidades afro-cubanas tras el ropaje o la máscara cristiana. Señala Robert Lima en torno a este enmascaramiento y eventual coexistencia de valores e imágenes religiosas en la sociedad cubana: "Spanish-speaking countries in the Caribbean have come to call the worship of the Orishas *Santería*, a term which signifies the syncretic nature of the religion of the region, the result of dressing the African gods in Christian garb in order to circumvent the prohibition of their worship under Catholic strictures in place since colonial times. Rather than abandon their deities when priest and master demanded conversion to Christianity, the slaves associated the Orishas with saints whose colors, accoutrements, functions or other aspects were the same or resembled those of the African gods, gender not withstanding. Thus, for example, Changó, god of thunder (the music of the heavens) and lightning (and, in Cuba, of the drum), whose weapon is the double-headed axe, became manifest in the figure of Santa Barbara, patron saint of the Spanish artillery who is pictured with a two-edged sword alongside a cannon" (34-35).

OBRAS CONSULTADAS

Aubrun, Charles V. *La comedia española (1600-1680)*. Trad. Julio Lago Alonso. Madrid: Taurus, 1968.
Bermel, Albert. *Farce: A History from Aristophanes to Woody Allen*. Carbondale and Edwardsville: Southern Illinois UP, 1990.
Knight, Franklin W. *The Caribbean: The Genesis of a Fragmented Nationalism*. 2a ed. Nueva York: Oxford UP, 1990.
Leal, Rine. Prólogo. *Teatro bufo: Siglo XIX. Antología*. Tomo I. La Habana: Editorial Arte y Literatura, 1975. 15-46.
Lima, Robert. "The Orisha Changó and Other African Deities in Cuban Drama." *Latin American Theatre Review* 23.2 (1990): 33-42.
Montes Huidobro, Matías. *Persona: Vida y máscara en el teatro puertorriqueño*. San Juan, P.R.: Centro de Estudios Avanzados de Puerto Rico y el Caribe, Ateneo Puertorriqueño, Universidad Interamericana, Tinglado Puertorriqueño, 1984.
Pérez Firmat, Gustavo. *The Cuban Condition: Translation and Identity in Modern Cuban Culture*. Cambridge: Cambridge UP, 1989.
Ruiz Ramón, Francisco. *Historia del teatro español. Siglo XX*. 6a ed. Madrid: Cátedra, 1984.
Taylor, Diana. "Framing the Revolution: Triana's *La noche de los asesinos* and *Ceremonial de guerra*." *Latin American Theatre Review* 24.1 (1990): 81-92.

Thomas, Hugh. *Cuba: The Pursuit of Freedom.* Nueva York: Harper & Row, 1971.
Triana, José. "Revolico en el Campo de Marte." Texto sin publicar.
Vega, Lope de. *El lacayo fingido.* Madrid: Taurus, 1970.
Villaverde, Cirilo. *Cecilia Valdés.* México: Porrúa, 1972.
Zalacaín, Daniel. *Teatro absurdista hispanoamericano.* Valencia-Chapel Hill: Albatros, Ediciones Hispanófila, 1985.

CURRICULUM VITAE DE JOSE TRIANA*

COMPILADO POR JOSÉ TRIANA,
CON LA COLABORACIÓN DE KIRSTEN F. NIGRO

Nacido en Hatüey, Camagüey (Cuba), el 4 de enero de 1931

EDUCACION

1950   Instituto de Manzanillo, Bachiller en Letras, Oriente (Cuba).

1952-1954 Universidad de Santiago de Cuba, Estudios de Filosofía, Oriente (Cuba).

1955-1957 Universidad de Madrid, Estudios de Filosofía.

1956-1957 Sociedad de Bellas Artes, Curso de Teatro, Madrid (España).

AREAS DE ESPECIALIZACION

Dramaturgo y poeta
Literatura española y latinoamericana
Director asistente de teatro
Editor
Traductor (del francés al español)

EXPERIENCIA

1991	Taller, Centro Ollantay de las Artes (Nueva York).
1990	Taller, Centro Ollantay de las Artes.
1987	Taller, IFICT, Lisboa (Portugal).
1982-1983	Traductor, UNESCO, París (Francia).
1981-1982	Profesor Visitante, Dartmouth College (Hanover, New Hampshire).
1981	Academia Tania Balachova, París (Francia).
1967	Profesor Visitante de Drama y Literatura, Instructores de Arte, Ministerio de Educación, La Habana (Cuba).

1964	Profesor Visitante de Drama, Instructores de Arte, Ministerio de Educación, La Habana.

1963-1980	Editor, Instituto del Libro y la Editorial Nacional de Cuba.

1950-1952	Profesor de Literatura Hispánica, Escuela Preparatoria para Ingreso a la Escuela de Ciencias Comerciales, Bayamo (Cuba).

HONORES Y PREMIOS

1991	Invitado de Honor, *University of Cincinnati Romance Languages Conference* (Cincinnati, Ohio).

1989	Invitado de Honor, "El teatro de José Triana," *XII Mediterranean Conference*, Dowling College (Atenas, Grecia).

Honorary Fellow de la *Sociedad de Estudios Españoles e Hispanoamericanos*.

Miembro Honorario, *IV Hispanic Theatre Festival*, Miami (Florida).

Miembro Honorario, Congreso sobre "La diversidad Cultural en el dialeg Nord-Sur," Comissió International de Difusió de la Cultura Catalana, Generalitat de Catalunya, Departament de Cultura, Barcelona (España).

1989-1990	Bourse d'Aide à la Crèation du Centre National des Lettres de France.

1988	Miembro Honorario, congreso sobre *Escritores cubanos en el exilio. Out Cuba*, Rutgers University (New Brunswick, New Jersey).

1988	Miembro, *Primer Coloquio Internacional sobre Teatro Latinoamericano*, Maison de l'Amerique Latine (París).

1987-1988	Becado de la John Simon Guggenheim Memorial Foundation.

1987	Invitado de Honor, Coloquio "En busca de una imagen: Griselda Gambaro y José Triana," Dartmouth College.

1987	*Palabras comunes (Worlds Apart)*, la primera pieza de teatro latinoamericano a presentarse en el Barbican Center (The Pit Theatre), por la Royal Shakespeare Theatre (Londres, Inglaterra).

Palabras comunes (*Worlds Apart*), la primera pieza de teatro latinoamericano a presentarse en The Other Place, Royal Shakespeare Company (Stratford-upon-Avon, Inglaterra).

1986 Miembro, *XVIII Festival International de Teatre de Sitges* (Sitges, España).

1985-1986 Becado con la Cintas Fellowship.

1985 Miembro *XVII Festival International de Teatre de Sitges*.

1984-1985 Bourse d'Aide à la Création de Centre National des Lettres de France.

1984 Miembro invitado al *Festival du Théâtre à Mont Marsan* (Francia).

1984 Miembro invitado al *Festival du Cinema de Valence* (Francia).

1982 Grabación hecha de *Cuaderno de familia*, Biblioteca del Congreso, División Hispánica, Washington D.C.

Grabación hecha de *Cuaderno de familia*, Universidad de Puerto Rico (Río Piedras).

Miembro invitado al *XXI Congreso Internacional de Literatura Iberoamericana*, Universidad de Puerto Rico (Río Piedras).

1981 *La noche de los asesinos* entre obras seleccionadas para celebrar 20° aniversario del teatro LA MAMMA (Nueva York).

1968 Seleccionado para Jurado de UNEAC, Concurso de Teatro (La Habana).

1968 Primer Premio, Teatro Hola, para producción de *La noche de los asesinos*, director Juan José Gurrola (Mexico).

1967 Miembro, *Simposio Internacional de Teatro* (La Habana).

Invitado distinguido, *Festival Théâtre des Jeunes*, Liége (Bélgica).

Invitado distinguido, *Festival du Théatre d'Avignon* (Francia).

Invitado distinguido, *Festival de Venecia*, Théatre de la Fenice (Italia).

Nombrado miembro, *Premio Casa de las Américas* (La Habana).

La noche de los asesinos (*The Criminals*), primera pieza de teatro latinoamericano a representarse por la Royal Shakespeare Theatre (Londres).

La noche de los asesinos, tercer premio en el *Festival du Théâtre de Nancy*, producido por el Teatro de Cámara de Colombia (Nancy, France).

Invitación especial al *Théâtre des Nations*, con la *Noche de los asesinos*, en producción del Teatro Estudio de La Habana (París).

La noche de los asesinos, primer premio en el *II Festival de Teatro de Cámara de Colombia* (Bogotá, Colombia).

1966   *La noche de los asesinos*, premio Gallo de La Habana, en el *VI Festival Internacional de Teatro de la Casa de las Américas* (La Habana).

1965   *La noche de los asesinos*, Premio de Teatro Casa de las Américas del *Concurso Literario Latinoamericano de la Casa de las Américas* (La Habana).

1963   *La muerte del Ñeque*, nombrada mejor obra del año por los críticos de teatro cubanos.

1960   *Medea en el espejo*, nombrada mejor obra del año por los críticos de teatro cubanos.

BIBLIOGRAFIA ACTIVA

Publicaciones

Libros

1991   *Teatro. (Medea en el espejo. La noche de los asesinos y Palabras comunes)*. Prólogo de José A. Escarpanter. Madrid: Editorial Verbum.

1990   *Ceremonial de guerra*. Prólogo de George Woodyard. Honolulu: Editorial Persona. Teatro.

1990   *Cuaderno de familia*. Málaga: Dador/Quinto Centenario. Poesía.

1989	*Aproximaciones.* Málaga: Plaza de la Marina. Poesía.
1981	*Coloquio de sombras.* Separata, *Cuadernos Hispanoamericanos,* no. 374. Poesía.
1965	*La noche de los asesinos.* La Habana: Ediciones Casa de las Américas. Teatro.
1964	*La muerte del Ñeque.* La Habana: Ediciones Revolución. Teatro.
1962	*El parque de la Fraternidad (Medea en el espejo, El parque de la Fraternidad y El Mayor General hablará de Teogonía).* La Habana: Ediciones UNEAC. Teatro.
1958	*De la madera de los sueños.* Madrid. Poesía.

Obras en antologías

1992	*La noche de los asesinos. Teatro cubano contemporáneo.* Prólogos de Moisés Pérez Coterillo y Carlos Espinosa Domínguez. Madrid: Fondo de Cultura Económica, el Ministerio de Cultura de España y la Sociedad Estatal Quinto Centenario.
1986	*Háborus Szertartás (Ceremonial de guerra).* Trad. al húngaro Mihály Dés. En *Minden Vasarnap, Mai Kubai Dramak (Virgilio Piñera, José Triana, Antón Arrufat, Héctor Quintera, Nicolás Dorr).* Europa: Konyukladó.
1979	*La noche de los asesinos.* En *Nueve dramaturgos hispanoamericanos: antología del teatro hispanoamericano del siglo XX.* Eds. Frank Dauster, Leon Lyday, George Woodyard. Tomo I. Ottawa, Canadá.
1974	*El Mayor General hablará de Teogonía.* En *En un acto (Nueve piezas hispanoamericanas).* Eds. Frank Dauster y Leon F. Lyday. 1ra edición. Nueva York: D. Van Nostrand.
1971	*The Criminals.* Traducción de *La noche de los asesinos.* En *The Modern Stage in Latin America: Six Plays.* Ed. George W. Woodyard. Nueva York: Dutton.
1963	*El Mayor General hablará de Teogonía.* En *Teatro en un acto.* Ed. Rine Leal. La Habana: Ediciones Revolución.

Obras en revistas académicas y literarias

1987	"Palabras comunes." *Tramoya. Cuaderno de Teatro de la Universidad Veracruzana.*
1970	"The Criminals." Trad. Pablo Armando Fernández y Michael Kustow, adaptación de Adrian Mitchell. *The Drama Review.*
1968	"Night of the Assassins." *I KON, Art and Revolution.*
1967	"La notte degli assassini." Trad. Wanda Garatti. *Sipario*, Milano.
1967	"La notte degli assassini." Trad. Gianni Totti. *Carta Segrette*, número especial, Roma.
1967	"La nuit des assassins" (Acte 2). Trad. Carlos Semprún. *Lettres Nouvelles, Ecrivans de Cuba*, número especial, París.
1967	"La nuit des assassins" (Acte 1). Trad. Carlos Semprún. *Cahiers Renaud-Barrault*, París.
1963	"La muerte del Ñeque." *Revista Casa de las Américas*, La Habana.
1960	"El Mayor General hablará de Teogonía." *Seminario Literario Lunes de Revolución*, La Habana.

Obras traducidas y/o representadas en traducción

La noche de los asesinos, en alemán, inglés, francés, árabe, hindi, checoslovaco, italiano, polaco, flamenco, finlandés, portugués, sánscrito, holandés, danés, sueco, yugoslavo, rumano, noruego y húngaro.

El Mayor General hablará de Teogonía, en francés e italiano.

Palabras comunes, en inglés y francés.

Cortejo (poesía), en francés.

Guiones de cine

1968-69	*Una pelea cubana contra los demonios*, película dirigida por Tomás Gutiérrez Alea, ICAIC, La Habana.

Adaptaciones teatrales

1969   *El vergonzoso en Palacio*, de Tirso de Molina. Versión libre y musical con la colaboración de Abelardo Estorino, dirigida por Armando Suárez del Villar. Teatro Musical y Experimental de La Habana.

1964   *La tía de Carlos*, comedia musical inglesa, dirigida por Francisco Morín, Teatro Musical y Experimental de La Habana.

1962   *Lisistrata*, de Aristófanes. Censurada por el Departamento de Teatro del Consejo Nacional de Cultura, La Habana.

Edipo Rey, de Sófocles, dirigida por Francisco Morín, Teatro Prometeo, La Habana.

Experiencia teatral

1984   *La nuit des assassins*, dirección. Théatre à Dejazet, París.

1981   "Revolico en el Campo de Marte," una lectura dramática, dirección. Warner Bentley Theater, Dartmouth College.

1963   *Antígone*, de Jean Cocteau, actuación. Teatro Prometeo, La Habana.

1958   *El divino Narciso*, de Sor Juana Inés de la Cruz, actuación. Pórtico de la Catedral de Toledo, España.

1957   *Comedia de errores*, de Shakespeare, actuación. Teatro Dido, Madrid.

1957   *Ifigenia cruel*, de Alfonso Reyes, dirección y actuación. Teatro Escena, Instituto de Cultura Hispánica, Madrid.

1957   *Los siervos*, de Virgilio Piñera, actuación. Teatro Escena, Instituto de Cultura Hispánica, Madrid.

Trabajo de radiodifusión

1989   *La noche de los asesinos*. Programa Libro Abierto, Radio Martí, Miami.

1989   *Cuaderno de familia*. Programa de Poesía, Radio Martí, Miami.

1987 *Worlds Apart.* Trad. y adaptación de Barbara Thompson, BBC, Londres.

1984 *Paroles Communes.* Trad. y adaptación de Carlos Semprún, France Culture, París.

1983 *Cuaderno de familia.* Trad. Heidrun Adler, Broadcasting W Deutschland.

Poemas publicados en revistas académicas y literararias

1989 "Tres poemas," *La nuez.* Nueva York.

1989 "Yo, Van Gogh," *Revista Imágenes Alteradas.* Málaga.

1988 "Aproximaciones, poemas," *Revista Confluencia.*

1982 "Calvert Casey, In Memorium," *Quimera, Revista de Literatura.*

1982 "A la envidia," "Antropofagia," *Linden Lane Magazine.* Princeton, Nueva Jersey.

1977 "Mi padre," "Voto de penitencia," "Juegos del tiempo," *Revista Plural. Segunda época.* México.

1971 "Hipotiposis," "Mutaciones," *Cahiers du Monde Hispanique et Luso-Brasilien (CARAVELLE).* Toulouse, Francia.

1964 "Definición," "Envío," *Revista Casa de las Américas.*

1962 "Yo no soy el payaso de aquel circo," *Revista Casa de las Américas.*

1962 "Tú eres el modo de ser," "Del funesto y más hondo desamparo," "Te impacientas," "Me resigno y doy excusas," "Pero no todo se cumple," *Revista Unión.* La Habana.

1961 "He aceptado el día," "Y esos crueles domingos," "Es necesario entonces," *Semanario Literario Lunes de Revolución.* La Habana.

1969 "Nos levantamos, madre, muy temprano," *Diario de la Marina (página literaria).* La Habana.

1955 "No detengas la noche, la señal del espectro," "En tí, lluvia, me busco," "Si morir sólo fuera," "No importa que un crepúsculo se doble," *Revista Ciclón.* La Habana.

Selecciones y prólogos

1986	*Electra, Clitmnestra, poemas*, de Magaly Alabau. Prólogo. Ediciones de Maitén, Chile.
1970	*La generación del 98*. Selecciones. Biblioteca Básica de Literatura Española, La Habana.
1970	*Teatro español actual*. Selecciones. Instituto del Libro, La Habana.
1969	*El niño del ingenio*, de José Lins do Rego. Prólogo. Casa de las Américas.
1968	*Martes de carnaval*, de Ramón del Valle-Inclán. Prólogo. Instituto del Libro.
1967	*Teatro del absurdo*. Selecciones. Instituto del Libro.
1965	*La generación del 98*. Selecciones. Editora Nacional de Cuba, La Habana.
1965	*Sobre héroes y tumbas*, de Ernesto Sábato. Prólogo. Casa de las Américas.
1965	*Teatro Giraudoux*. Selecciones. Editora Consejo Nacional de Cultura, La Habana.

Traducciones

1969	*Los biombos*, de Jean Genet. Con Chantal Dumaine, Instituto del Libro, La Habana.

Notas

1989	*Tropel de espejos, poemas*, de Iraida Iturralde. Editorial Betania, Madrid.
1989	*Portafolio*, libro de fotografías de Luis Mallo. *Review Tribune des Peuples*, París.

Artículos

1990	"Breve noticia de Lino Novás Calvo," *Revista Quimera*, Barcelona.

1989	"Alusiones al delirio," *En busca de una imagen*, ed. Diana Taylor. Ottawa: Girol Books, Inc.
1982	"¿Por qué escribo teatro?," *Revista Escandalar* (número especial sobre la literatura cubana en el exilio). Nueva York.
1964	"La poesía cubana actual," *Revista Casa de las Américas*.
1964	"Cuatro cuentistas cubanos," *Revista Bohemia*. La Habana.
1962	"*El gran cacique*," *Revista Casa de las Américas*.
1961	"Rolando T. Escardó: *Las ráfagas*," *Revista Casa de las Américas*.

Manuscritos sin publicar

TEATRO

"Revolico en el Campo de Marte." 3 actos. 1971.

"Alarido." En preparación.

"La fiesta." En preparación.

"Lidia." En preparación.

"Cruzando el puente." Monólogo. 1991.

POESÍA

"Memoria y esplendor." 1974.

"Ritos en la ceniza o Vaso de ceniza." 1977-1990.

"Partida de ajedrez." En preparación.

"Oscuro el enigma." 1991.

"Poemas con sombra." En preparación.

TRADUCCIÓN

"Poems de Fernande Schulmann."

GUIONES DE CINE

"Rosa, pálida flor del mal." Nueva reestructuración del guión. 1991.

"Rosa, pálida flor del mal." 1985.

"Un hombre en la neblina." 1985.

Ponencias y paneles

1992 "Sobre el mestizaje." *Hommage aux Ameriques. Les fruits du métissage*. Recontres de Brou, Bourg en Bresse, Francia.

Lectura de "Cruzando el puente." University of Kansas.

1991 "Obsesiones personales." University of Cincinnati.

1990 Lectura de poemas de Virgilio Piñera, en la película *Havane*, dirigida por Jana Bokova. BBC, Londres.

1989 Entrevista, Mesa Revuelta de Agustín Tamargo, RHC, Miami.

Conferencia, Duo Theatre, Nueva York.

1988 Lectura de poemas, Lyra Review, Nueva York.

Entrevista, Radio Martí, Washington D.C.

Entrevista, Radio France Internacional, París.

1987 Entrevista, Gilda Miró Broadcasting, Nueva York.

1985 Entrevista, "Sur le Théâtre actuel," Broadcasting France Culture, París.

Lectura de "Revolico en el Campo de Marte," *Festival International de Teatre de Sitges*, España.

"Homenaje a Virgilio Piñera." Lectura de poemas con Ricard Salvat, Adolfo Gutkin y Víctor Oller, *Festival International de Teater de Sitges*, España.

"La escritura banal," conferencia en Princeton University, Princeton, Nueva Jersey.

"La escritura banal," conferencia en Pennsylvania State University, University Park, Pennsylvania.

1984 "Sur la poesie de Lezama Lima." Panel con Severo Sarduy, en la Maison de Amérique Latine, París.

Entrevista, Broadcasting France International, París.

Entrevista, Broadcasting Bleu, París.

1983 Entrevista, "Sur la literature cubaine," Broadcasting France Culture, París.

1982 Entrevista, "Cinema sin visa," Antenne 3, TV, París.

Entrevista, Broadcasting San Juan de Puerto Rico.

Panel con Edmundo Desnoes, *V Congreso Internacional de Literatura Latinoamericana*, Puerto Rico.

1981 "La noche de los asesinos," Seminario latinoamericano, Dartmouth College.

"Aspectos de la vida cultural en Cuba." Conferencia, Cornell University, Ithaca, New York.

"¿Por qué escribo teatro?" Conferencia, Cornell University.

1969 "Algunas observaciones sobre mi teatro," Universidad de La Habana.

1967 "Ideas generales sobre el teatro," Universidad de Perugia, Italia.

"*La noche de los asesinos*, una experiencia vital," Milano, Italia.

"Panorama del teatro cubano," BBC TV, Londres.

Simposio sobre *La noche de los asesinos*, con Alejo Carpentier y Jean Louis Barrault. Théâtre Pétite Odéon, París.

"Poesía y teatro." Panel con Roberto Cossa (Argentina), Gianni Totti (Italia), John Gelber (USA), Biblioteca José Antonio Hecheverría, Casa de las Américas, La Habana.

"*La noche de los asesinos* como texto dramático," panel con Vicente Revuelta, Miriam Acevedo y Ada Nocetti. Teatro Camagüey, Camagüey, Cuba.

1966 "¿Existe el teatro de la crueldad?" Universidad de Santa Clara, Cuba.

1965 "La poesía de Mario Trejo," Conferencia en la Biblioteca José Antonio Hecheverría, Casa de las Américas.

1964 "En torno a *El siglo de las luces* de Alejo Carpentier," panel con Edmundo Desnoes y Luis Agüero. Biblioteca José Antonio Hecheverría, Casa de las Américas.

"¿Por qué escribí *La muerte del Ñeque?*," conferencia en la Universidad de Santiago de Cuba.

1963 "El teatro actual," panel con Virgilio Piñera, Abelardo Estorino, Antón Arrufat, José A. Brene, Nicolás Dorr, UNEAC, La Habana.

1962 "El teatro como realidad y sueño." Panel, Canal 4 TV, La Habana.

BIBLIOGRAFIA PASIVA

Mencionado en los siguientes libros

1991 *Theatre in Crisis. Drama and Politics in Latin America.* Diana Taylor, UP of Kentucky (Lexington).

1991 *Violent Acts. A Study of Contemporary Latin American Theatre.* Severino João Albuquerque, Wayne State UP (Detroit).

1990 *La dramaturgia hispanoamericana contemporánea: teatralidad y autoconciencia.* Priscilla Meléndez, Editorial Pliegos (Madrid).

1989 *Diccionario Larousse de la lengua española.* Ed. Ramón García Pelayo y Ross, Ediciones Larousse.

Dictionary of Twentieth-Century Cuban Literature. Ed. Julio A. Martínez, Greenwood Press.

En busca de una imagen. Ensayos críticos sobre Griselda Gambaro y José Triana. Ed. Diana Taylor, Girol Books, Inc. (Ottawa, Canadá). Contiene los siguientes artículos: "Madrid-La Habana-París: Tres imágenes de José Triana," de José Monleón; "Entrevista con José Triana," de Diana Taylor; "Triana, Felipe, Brene: tres visiones de una realidad," de Frank Dauster; "El mito y su subversión en *La noche de los asesinos*," de Elsa Martínez Gilmore; "A puerta cerrada: Triana y el teatro fuera del teatro," de Priscilla Meléndez; "Violencia y (re)creación: *La noche de los asesinos*," de Diana Taylor; "*Palabras comunes* de Triana: ciclos de cambio y repetición," de George Woodyard.

El teatro hispanoamericano. Marina Gálvez Acero, Ediciones Taurus.

Historia de la literatura hispanoamericana, 2nda ed. Jean Franco, Ediciones Ariel.

Latin American Writers. Carlos A. Solé, ed., Charles Scribner's Sons.

1988 *Escenarios de dos mundos.* Inventario Teatral de Iberoamérica. Tomo II. Centro de Documentación Teatral (Madrid).

Diccionario biográfico de poetas cubanos en el exilio. Ed. Pablo Le Riverland, Ediciones Q-21.

Giraudoux? Tiens!. Paul Guimard, Edition Bernard Grasset.

1986 *Historia de la literatura hispanoamericana.* Guiseppi Bellini, Editorial Castalia.

Kuba (Die neue Welt der Literatur in der Karibik). Martin Franzbach, Pahl-Rugenstein Edition.

Roger Blin, Souvenirs et propos recueillis. Lynda Bellity Peskine, Gallimard.

1985 *Teatro absurdista latinoamericano.* Daniel Zalacaín, Ediciones Hispanófila.

1984 *Diccionario Oxford de literatura española e hispanoamericana.* Ed. Phillip Ward, Editorial Crítica.

Diccionario de la literatura cubana. Editorial Letras Cubanas.

1983 *Historia breve de la literatura española en su contexto.* Varios, Editorial Playor.

1982 *Histoire du Théâtre National de l'Odéon (Journal de Bord).* Christian Genty, Librairie Fischbacher.

1981 *Poesía y teatro de Hispanoamérica en el siglo XX.* Juan José Amate Blanco y Marina Gálvez Acero, Editorial Cincel.

Festschrift José Cid Pérez. Eds. Alberto Gutiérrez de la Solana y Elio Alba-Buffill. Senda Nueva Ediciones. Contiene "Texto del teatro cubano contemporáneo en el contexto revolucionario," de Orlando Rodríguez Sardinas.

1980 *Actas del Sexto Congreso Internacional de Hispanistas.* Eds. Evelyn Rugg y Rafael Lapesa, U of Toronto P. (Toronto, Canadá). Contiene "De rebelión a morbosidad: juegos interpersonales en tres dramas hispanoamericanos," de Leon F. Lyday.

Breve historia del teatro cubano. Rine Leal, Editorial Letras Cubanas.

1979 *José Triana: ritualización de la sociedad cubana.* Román de la Campa, Institute for the Study of Ideologies and Literature (Minneapolis).

1978 *The Oxford Companion to Spanish Literature.* Oxford University Press.

Panorama du théâtre au XX siècle. Paul-Louis Mignon, Gallimard.

1977 *Ensayos sobre teatro latinoamericano.* Frank Dauster, SepSetentas (México D.F.).

1976 *Dramatists in Revolt. The New Latin American Theatre.* Eds. Leon L. Lyday y George W. Woodyard, U of Texas Press (Austin).

1973 *Historia del teatro hispanoamericano. Siglos XIX y XX.* 2nda. ed. Frank Dauster, Ediciones de Andrea (México D.F.).

Persona, vida y máscara en el teatro cubano. Matías Montes Huidobro, Ediciones Universal (Miami).

1972 *El teatro actual latinoamericano.* Carlos Solórzano, Ediciones Andrea (México D.F.).

1971 *Figuración de la persona.* Julio Ortega, EDHASA.

Nueva literatura cubana. José Antonio Portuondo y otros, Universidad de La Habana.

1968 *El teatro.* Rine Leal, Instituto del Libro, La Habana.

1967 *En primera persona.* Rine Leal, Instituto del Libro.

Artículos en periódicos y revistas

1993 Hoeg, Jerry. "Coding, Context, and Punctuation in Triana's *La noche de los asesinos.*" *Gestos. Teoría y práctica del teatro hispánico.* 15.

1990 "Framing the Revolution: Triana's *La noche de los asesinos* and *Ceremonial de guerra.*" Diana Taylor. *Latin American Theatre Review.* 24.

"Tres dramaturgos del inicio revolucionario: Abelardo Estorino, Antón Arrufat y José Triana." José A. Escarpanter. *Revista Iberoamericana.* 56.

1989 "Visión de la realidad en el teatro cubano." Frank Dauster. *Revista Iberoamericana.* 56.

"José Triana habla sobre su vida y su obra y el festival en Miami." Angel Cuadra, *Diario de las Américas*, 26 de mayo.

"Encuentro con José Triana." Miriam Pérez, *Diario de las Américas*, 20 de mayo.

"La sala no es la sala, pero el arte es el arte." Uva Clavijo, *Diario de las Américas*, 18 de mayo.

"*La noche de los asesinos*: una declaración de vida." Norma Niurka, *Miami Herald*, 14 de mayo.

"Esta noche: *La noche de los asesinos*." Olga O'Connor, *Miami Herald*, 12 de mayo.

1987 "Cuban Glory." *The Guardian* (Londres), 13 de febrero.

"Sex and Moral Hypocrisy." Claire Armistead, *Financial Times of London*, 9 de mayo.

"The Click of Cuban Heels." Andrew Rissik, *The Independent* (Londres), 9 de mayo.

1986 "A Generalized Picture, *Worlds Apart*, The Other Place, Stratford on Avon." *The Times* (Londres), 12 de setiembre.

"A Portrait of Fatal Power." *Sunday Times*, 14 de setiembre.

"After a 20-year Interval, Cuban José Triana Has a Second Play in Production by the RSC. Jane Edwards Enters His Dream World." *Time Out* (Londres), 10-16 de setiembre.

"Critics' Eye on the Royal Shakespeare Company. Nicholas de Jongh Welcomes the Return of José Triana: Trial of an Exile." *The Guardian* (Londres), 12 de setiembre.

"José Triana regresa tras 20 años de silencio." Nicolás Sola, *Revista El Público* (Madrid), noviembre.

"Lorca Rescued at the Lyric, Hammersmith: Adela and her Sister." Michael Ratcliff, *The Observer* (Londres), 14 de setiembre.

"The Fatal Flaw in the Family Crystal." Michael Billington Reports on *Worlds Apart* at The Other Place. *The Guardian*, 13 de setiembre.

"Works by Lorca, Triana: Spanish Code of Honor." Michael Billington, *International Herald Tribune*, 17 de setiembre.

"*Worlds Apart*." *London Theatre Record*, setiembre.

"*Worlds Apart.*" Jane Edwards, *Time Out*, 17-24 de setiembre.

"*Worlds Apart* at The Other Place, Stratford-upon-Avon." Richard Edmonds, *Birmingham Post* (Inglaterra), 18 de setiembre.

"*Worlds Apart*/The Other Place." Michael Coveney, *Financial Times* (Londres), 12 y 15 de setiembre.

"The New Stratford Season." *Vogue*, octubre.

"La distribución, disposición y orden originales de los personajes en los ejercicios o juegos de actuación en *La noche de los asesinos.*" Teresinka Pereira. *Confluencia: Revista Hispánica de Cultura y Literatura*. 4.

"*La noche de los asesinos*: Text, Staging and Audience." Isabel Alvarez-Borland y David George. *Latin American Theatre Review*. 20.

1985 "José Triana's *The Criminals*: Ritual and Symbolic Efficacy in the Contemporary Latin American Avant-Garde." Ramiro Fernández-Fernández. *Mid-Hudson Language Studies*. 8.

"Con José Triana: un testimonio de Sitges." José Monleón, *Primer Acto*, no. 207, enero-febrero.

1984 "A qui profite le crime au Dejazet?" *France Soir*, 3 de abril.

"Jeux interdits." Marion Thebaud, *Le Figaro*, 16 de abril.

"*La nuit des assassins.*" A.V., *Magazine-Hebdo*, 4 de mayo.

"*La nuit des assassins.*" Emmanuelle Klausner, *La Croix*, 2 de mayo.

"*La nuit des assassins.*" J The, *Votre Beauté*, no. 577, mayo.

"*La nuit des assassins.*" P. Marcabru, *Le Point*, 7 de mayo.

"*La nuit des assassins*, psichodrama baroque." Pierre Marcabru, *Le Figaro*, 24 de abril.

"*La nuit des assassins* de José Triana: Armes factices." Jacques Nerson, *Le Quotidien de Paris*, 26 de abril.

"Oedipes avec premeditation." Lionel Poverts, *Gai Pied Hebdo*, 12-18 de mayo.

"*Paroles comunes* de José Triana." André Alter, *Telerama* (París), no. 1794, 2-8 de junio.

1983 "El espacio dramático como signo: *La noche de los asesinos* de José Triana." Priscilla Meléndez. *Latin American Theatre Review*. 17.

1981 "Family Plot." Laurie Stone, *Village Voice*, 29 de octubre.

"José Triana: Cuban Playwright in Exile." Bo Conn, *The Harbinger* (Hanover, New Hampshire), 3 de noviembre.

"Los Universitarios, hoy, *La noche de los asesinos*." *Excelsior* (México, D.F.), 15 de mayo.

"Theater 2 La Mamma Revivals." Mel Gusson, *The New York Times*, 31 de octubre.

"Un clásico del siglo XX." Alberto Minero, *El Diario La Prensa* (Nueva York), 29 de noviembre.

1980 "El asedio a la casa: un estudio del decorado en *La noche de los asesinos*." Erminio A. Neglia, *Revista Iberoamericana*. 112-13.

"Román de la Campa: *José Triana, Ritualización de la sociedad cubana*." Judith Weiss, *Revista Iberoamericana*. 112-13.

"Spanish American Theatre of the 1950s and 1960s: Critical Perspectives on Role Playing." Eugene Moretta, *Latin American Theatre Review*. 13.

1979 "*A Noite dos Assassinos*." Albero Guzik, *Istoe* (Sao Paulo), 5 de mayo.

"An Off-beat Opening Night." George MacKinnon, *The Boston Globe*, 10 de enero.

"*Assassins*: Quality Experimental Theater." Deborah Marion Lee, *The Daily Free Press* (Boston), 31 de enero.

"José Triana habla de su teatro." Ramiro Fernández, *Revista Románica*. 15.

"*La nuit des assassins*: De l'absolu." C.L., *Journal du Sud-Ouest*, mayo.

"*La nuit des assassins*: les enfants terribles." Ph.B., *Arts-Spectacles-Loisirs* (Bayonne, France), 16 de mayo.

"*La nuit des assassins* par le Théatre de Feu. Une très belle image mythique." G.D., *Journal du Sud-Oueste*.

"The Play's the Thing Even Behind Bars." Peter Carlson, *Herald American* (Boston), enero.

"We Dismember Mama." Arthur Friedman, *The Peal Paper* (Boston), 10 de febrero.

1978 "*Assassins* is Taut Hispanic Drama." Anne Kirchheimer, *The Boston Globe*, 21 de setiembre.

"El teatro del absurdo en Cuba: el compromiso artístico frente al compromiso político." Terry L. Palls, *Latin American Theatre Review*. 10.

"Fear and Courage." Martin Kingsbury, *Soujourner* (Boston), diciembre.

1977 "*La noche de los asesinos*: Playscript and Stage Enactment." Kirsten F. Nigro, *Latin American Theatre Review*. 11.

1973 "Genet-Triana-Kopit, Ritual as Dance Macabre." Anne C. Murch, *Modern Drama*. 15.

1971 "*La nuit des assassins*." Bertrand Poirot-Delpech, *Le Monde* (Paris), 4 de abril.

"La nuit des assassins des enfants terribles." Pierre Lacrabu, *France Soir*, 1 de abril.

1970 "A Small Melodrama from Cuba." Richard Watts, *The New York Post*, 26 de febrero.

"Boring Games-Three Characters Play in Triana's *Criminals*." Clive Barnes, *The New York Times*, 16 de febrero.

"*Criminals* is Overwrought Drama." James Davis, *The New York Times*, 16 de febrero.

"Spanish Theatre Seeking a Foothold." Alonso Alberto, *The New York Times*, setiembre, 1970.

"*The Criminals*." Martin Washburn, *The Village Voice*, 5 de marzo.

1969 "The Game of Chance: The Theatre of José Triana." Frank N. Dauster. *Latin American Theatre Review*. 3.

"11 autores cubanos." Calvert Casey, *Primer Acto*, no. 108, mayo.

"José Triana o el conflicto." Julio Miranda, *Cuadernos Hispanoamericanos*. 230.

La noche de los asesinos. Julio Ortega, *Cuadernos Americanos*, CLXIV.

"Triana a Grenoble." Simon Benmussa, *La Quinzaine Litteraire* (Paris), 15 de abril.

"Une affaire de famile: *La nuit des assassins* par la Comédie des Alpes." Emile Copfermann, *Les Nouvelles Littéraires*, abril.

1968 "Algunas consideraciones sobre el teatro cubano actual." Rine Leal, *Insula*. 260-261.

"*El Mayor General hablará de Teogonía.*" Miguel Juan de Mora, *El Heraldo* (Mexico, D.F.), 14 de julio.

1967 "As You Like It, on Boy Meets Boy." Martin Esslin, *The New York Times*, 15 de octubre.

"Avant *La nuit des assassins*." Claude Couffon, *Lettres Francaise* (Paris), 29 de junio.

"El nuevo teatro cubano." Julio E. Manet, *La Estafeta Literaria* (Madrid). 364.

"El Sexto Festival de Teatro Latinoamericano." Natividad González Freyre, *Revista Casa de las Américas*, marzo-abril.

"Destruir los fantasmas, los mitos de las relaciones familaires. Entrevista a José Triana, Vicente Revuelta, y Abelardo Estorino." *Revista Conjunto*. 4.

"*La noche de los asesinos.*" *Revista de Bellas Artes* (México). 18.

"La noche no tiene asesinos ante el espejo." César López, *La Gaceta de Cuba*.

"*La Notte degli Assassini* representata a Venezia." Maria Antoietta Serena, *Il Piccollo*, 29 de setiembre.

"*La nuit des assassins.*" Jean Louis Barrault, *Lettres Francaises*, 29 de junio.

"La ragioni dei padri e quela dei figli." *La Biennale di Venezia*, 18 de setiembre-14 de octubre.

"Los asesinos a juicio." Ana Justina, *La Gaceta de Cuba*, abril.

"Paseo por un festival." Luis Agüero, *Revista Cuba*, 7, no. 9, diciembre.

"Pieza cubana en el teatro dramático de Varsoia." L. Wojciechowska, *La Gaceta de Cuba*, octubre-noviembre.

"Sobre dramas y dramaturgos." Natividad González Freyre, *Revista Unión* (La Habana). 4.

"Sogno desdeprato di Edipi Moderno." Giorgio Polacco, *L'Unitá*, 29 de setiembre.

"Teatro: Homenaje tardío." Marcela del Río, *Revista de Bellas Artes* (México). 17.

"*The Criminals* at the Aldwych." Kenneth Pearson, *The Sunday Times* (Londres), 24 de setiembre.

1966 "Cuban Drama Today." Frank Dauster, *Modern Drama*.

1965 "Entrevista." Luis Agüero, *Revista Edita* (La Habana).

"*La noche de los asesinos*." Juan Larco, *Revista Casa de las Américas*. 32.

"*La noche de los asesinos*." Virgilio Piñera, *La Gaceta de Cuba*, octubre-noviembre.

"Los Premios, Entrevista: La creación es un largo y tormentoso trabajo." Luis Agüero, *Bohemia* (La Habana), 26 de febrero.

1964 "Entrevista." Rine Leal, *La Gaceta de Cuba*, no. 19, 3 de junio.

"Un comentario sobre *La muerte del Ñeque*." Luis Alberto Fonseca, *Periódico Santiago* (Santiago de Cuba), abril.

1963 "El mito le sienta a Triana." Rine Leal, Nota al Programa, Sala Teatro Prometeo (La Habana).

"El teatro en un acto en Cuba." Rine Leal, *Revista Unión* (La Habana), no. 6, enero-febrero.

"*La Muerte del Ñeque*." Ada Oramas, *Revista Mujeres* (La Habana), mayo.

"*La Muerte del Ñeque*." Calvert Casey, *Revista Bohemia*, (La Habana), junio.

"Vida, pasión y muerte de un caimán venido a menos (*La Muerte del Ñeque*)." Luis Agüero, *Revista Verde Olivo* (La Habana), junio.

1962 "Teatro/61." Calvert Casey, *Revista Casa de las Américas*.

1961 "1960: Recuento Teatral." Matías Montes Huidobro, *Periódico Revolución* (La Habana), 11 de enero.

"El chisme: mito trágico." Matías Montes Huidobro, *Periódico Revolución*, 5 de enero.

"En el espejo de Medea." Ambrosio Fornet, Nota al Programa, Sala Teatro Prometeo.

"*Medea en el espejo.*" Calvert Casey, *Periódico La Calle* (La Habana), 4 y 5 de enero.

"*Medea en el espejo.*" Ezequiel Vieta, *Periódico Combate* (La Habana), enero.

"*Medea en el espejo.*" Nativiad González Freyre, *Revista Carteles* (La Habana), enero.

"*Medea en el espejo.*" Orlando Quiroga, *Periódico Combate*, 26 de enero.

"Una nota muy breve." Virgilio Piñera, *Periódico Revolución*, 6 de enero.

1960 "Arlequín Teatro Cubano, *El Mayor General hablará de Teogonía.*" Calvert Casey, *Periódico La Calle*, noviembre.

"*El Mayor General hablará de Teogonía.*" Alejo Beltrán, *Periódico Hoy* (La Habana), 28 de octubre.

"*El Mayor General hablará de Teogonía.*" Matías Montes Huidobro, *Periódico Revolución*, 24 de noviembre.

"Reseña." Natividad González Freyre, *Revista Verde Olivo*, 12 de noviembre.

NOTA

*Algunos de estos datos son incompletos debido a que el autor no siempre ha tenido acceso a la publicación original que, por razones que deben ser evidentes, no acompañaban a José Triana en el momento de su salida de Cuba. De ahí que dichos datos sean reconstrucciones de información incompleta. Debido a la dificultad de conseguir datos completos para todas las referencias bibliográficas, se decidió no poner sino el año y el volumen de las revistas citadas, y las páginas de periódicos cuando se pudiera.